堀江 貴文

Takafumi Horie

死なないように稼ぐ。

生き残るビジネスと人材

JN107870

ポプラ新書

205

はじめに　死なないように稼ぐ。そして、いつまでも楽しく稼ぐ。

すべての人が、環境の変化を受け入れなければならない状況がやってきた。

すべてのビジネスにおいて、刻々と変わる状況に応じて、すぐに最善手を打たなければ生き残れない時代になった。

僕が最近、力を入れている飲食店ビジネスは、まさにその類《たぐい》の業態だろう。

和牛レストラン『ＷＡＧＹＵＭＡＦＩＡ』グループも、この厳しい状況で、やれること、やるべきことを淡々と行い、しっかり利益を出してきた。

新しいプロジェクトとして、エンタメおしゃれパン屋『小麦の奴隷』（北海道広尾郡大樹町）もスタートさせ、今後さらに大きく展開できるはずだ。


お店が閉まらないように。

事業が終わらないように。

ビジネスやプロジェクトが「爆死」しないように。

そして、万が一にも「誰か」が命を落とすことのないように。

今は誰しもが、生き残るために、稼ぎ続けなくてはならない。

そのための一助になればと、新時代におけるビジネスの事例と本質を本書にまとめた。


今回、『ＷＡＧＹＵＭＡＦＩＡ』と『小麦の奴隷』の事例を多く扱ったが、「仮説（アイデア）をすぐ検証（実行）する」ということができていない人が本当に多いと感じた。これを意識するだけでも、想像しえる最悪の状況は防げると思う。

たとえば、２０２０年のコロナショックにおける、緊急事態宣言下では、『ＷＡＧＹＵＭＡＦＩＡ』は、すぐにＥＣ（ウェブ通販）に注力した。いけると思ったものは速攻で形にした。

さらに、２０２1年3月には、東京外苑前に新業態をオープンさせる。そこの『YAKINIKUMAFIA FOR MEMBERS ONLY』では、和牛のジンギスカン、「ＷＡ

GYUJISUKAN（ワギュジスカン）」を提供する予定だ。

ジンギスカンといえば羊肉が定番なわけだが、遊び心で和牛をやってみたらめちゃくちゃおいしいのだ。『WAGYUMAFIA』で仕入れている『久松農園』の野菜や『大鰐温泉もやし』が抜群にフィットする。

そんな「WAGYUJISUKAN」であるが、新店舗ではさらにこれをパワーアップさせる。完全オリジナルのジンギスカン鍋を開発したのだ。

共同開発したのは神奈川県にある由紀精密という宇宙ロケットの部品などを製造している精密加工メーカー。

その会社が製造した世界一高級なアナログレコードプレーヤーも設置しているのだが、そんな精密加工メーカーの環境下で、熱効率や脂の垂れ方などを完全に計算したオリジナルな形状の鍋を作りあげた。この鍋で作ったワギュジスカンは今のところ、店舗に来てもらわないと味わえない。世界でもここだけでできる「体験」なのだ。

ちなみに、2020年末には、室蘭工業大学の鋳造技術を用い、軽くて熱伝導性のよい素材を使ったジンギスカン鍋つきのWAGYUJISUKAN宅配セットも発売した。これはいつも『WAGYUMAFIA』で使っている野菜と脂と肉と麺がセットになった世界で唯一の商品となった。

『小麦の奴隷』は開業そのものが検証作業といえる。詳細は序章で述べるが、アイデアを思いついてから、オンラインサロン「堀江貴文イノベーション大学校（以降、HIU）」のコミュニティに投げかけ、サロンメンバーが動き、爆速でプロジェクトを進めていった。今では、目玉商品を作ろうと開発した「ザックザクカレーパン」が名物になり、人口5500人程度の大樹町という「小さな商業圏」で人気のパン屋となっている。

飲食業には厳しい時代ではあるが、そんな時代に業績をアップさせるにはこのような創意工夫と実行力が大事になってくるのである。

僕が今力を入れているものが、たまたま飲食業だったが、これはどんなビジネスや業界にも通じる話ではないだろうか。


さて、「仮説（アイデア）をすぐ検証（実行）する」ということができていない人が本当に多いと述べたが、「やると決めたことを愚直にやること」の重要性を頭ではわかっていても、身をもって実感できていない人がほとんどだと思う。

やると決めたら継続させるのが僕的には当たり前で、継続できないことをやり始めたりすることはない。

メールマガジン『堀江貴文のブログでは言えない話』だってもう10年以上になるが毎週一度も遅配することなく配信し続けてきた。二日酔いだろうが刑務所に入ろうが、イベント「ホリエモン万博」などでほぼ起きている時間にいろいろとやることがあってメルマガを書く時間が足りなかろうが、どんなときもなんとか時間を捻出、あるいは仕組みを作ることによって成し遂げてきた。

意外にこの遅配せずに継続するのを実践できている人は少ない。平気で何週間も遅れるメルマガなどもあるが、やはり何事も飽きずに地道に継続することが成功への唯一の近道だと思う。身の回りに不幸な出来事が起きたりし、それを言い訳にして「今週はお休みします」などという人はやっぱりどこか詰めが甘いところがある。人生がうまくいくかどうかなんて、結局は誰でもがんばればできることをちゃんと継続するかしないかなのだ。

継続することだけでなく、努力も必要だ。たとえば毎年やっているミュージカルや単発イベントでは黒字化へのありとあらゆる手を打っている。仲間内への営業も含めてコストダウンの努力をして、何とか黒字に持っていく。

そこを諦めてしまう人は多い。だからこそ、この粘りが力を持つ。他の人がやらないことだけど、何も特別なことはない。ただやるべきことを決め、淡々と実行するだけだ。

ちなみに2020年12月頃に毎日やっていたSNS投稿は、インターステラテクノロジズの技術者募集、新型コロナウイルス騒ぎでお客さんが減っている『WAGYU MAFIA』の集客、『小麦の奴隷』の宣伝、そしてミュージカル『クリスマスキャロル』の営業といった内容だ。noteの投稿も続けている。これに加えて毎日メルマガ原稿を書く。

これを1日の起きている時間にすべてやってしまう。原則として夜は会食や飲みを入れるので、この手の作業はしないルールにしている。

なので、パソコンを開いてネット接続する時間が惜しいので、作業はすべてスマホに移行した。移動中も作業できるように自家用車の運転などはもちろんしない。都内の移動は基本的に電車を使わない。家事は基本的にしないので、ホテルかウィークリーマンション住まい。料理も趣味的なものを除いてやらない。大してコストがかからないのでほぼ外食だ。細かいやり取りが発生するスケジュール調整などはマネージャー任せ。

こうやれば時間が捻出できるし、ルーティンでできることも増えるのである。

「(やるべきことをやる)時間がない」と嘆く前に、「自分の時間」の最適化を行ってほしい。

世に認められるような成果を出すためには圧倒的努力が必要である。そして圧倒的な手数を出すことが必要だ。本書でも述べるが、ピカソが世界一有名な画家になれたのは、作品点数が圧倒的に多いからだ。秋元康が日本を代表する作詞家になれたのも圧倒的な作品数の賜物。自分が自信を持って送り出した作品でも当たるときと当たらないときがある。大したことないなと思っていてもバカ当たりをすることがある。経験則でそれはわかっている。つまり打席に立つ回数こそが成果を出すための唯一の方法なのだ。これに信念を持っている人は何度もヒットを飛ばすことができる。

結果を残したかったら、稼ぎ続けたかったら、「仮説と検証」を何度も繰り返していくことが必要なのだ。

そしてその裏側にあるのは圧倒的な努力。僕の場合、運動系は人の100倍、知的系でも人の10倍は努力している。努力するには努力を効率化してずっと続けられるように精神的な負荷を下げなければならない。そして、時間を作り出すしかない。それが、僕の成果を出すための最適化された生き方となっている。

もちろんみんながそれをやる必要はない。自分なりの好きな生き方をすればいいが、今よりも成果を出しながら楽しく生きる方法はある。それを動画や書籍で発信しているし、HIUで実践してもらっている。

HIUを始めてみて、とりあえずいろんなことを試してみようと思っていた。HIUとは人生の意識改革だ。働き方改革よりももっと包括的な概念であり、それを意識的に実践している僕のスケジュールを疑似体験してもらいたくて「合宿」をやってみた。

最初の合宿は広島県尾道市にある『ベラビスタ スパ&マリーナ 尾道』に宿泊して1泊2日で行われた。

最初からグループワークで尾道の街づくりプランコンテストをやったり、料理対決をしたり。当時はまだ珍しかったドローンの操縦をしたりフットサル大会をやったりと、頭脳系からスポーツ系まで何でもありの濃い1泊2日を体験してもらった。

最初の合宿ということで手探りだったこともあり実行委員長を公募してみたのだが、正直かなり心許ない感じの会員が実行委員長になってしまいどうなるのか不安なレベルであった。しかし、おもしろいことにそういうタイプが委員長になると他の実行委員に相当のしっかり者が集まって委員長を全力で支え、結果としてすばらしい合宿コンテンツができあがった。それから伝統的に合宿のコンテンツはほとんどが会員によって作りあげられている。

100人近くの人が集まるイベントを作りあげる経験はなかなか体験できるものではなく、例外なく実行委員の最後の挨拶ではもらい泣きしそうになってしまう。たった1泊2日（今は2泊3日）のことなのに。

2020年は、新型コロナウイルス騒ぎで公開リアルイベントをやらなかった代わりに合宿を年4回やることにした。秋合宿は琵琶湖の近くでプロレーサーとレースクイーンと実況者を呼んで耐久カートレースをやって、宮津市内のおいしいレストランで夕食を食べ、日本海沿いのグランピングで利き栗大会をやってローストビーフを作って、人狼やポーカー、ボードゲームに深夜まで勤しむ。

次の日は朝からウェイクボードや釣り船旅に醸造酢の蔵や日本酒蔵見学などをし、

昼飯は手巻き寿司の体験会をやって宮津市内を3時間半かけてガチの謎解きロゲイニング。夕食は地元の酒蔵やレストランが参加してトークイベント、そしてビジネスプレゼン大会からの僕がみんなにカクテルをひとりひとりにカスタマイズして振る舞う「スナック堀江」。3日目はみんなで朝食を作り、すでに振り返りムービーができていてそれを鑑賞し総括するといった感じだ。

この濃密な体験を実際にすることで彼ら、彼女らは大きく成長する。もう6年もこの作業を続けている。僕の要求レベルはかなり高いけどそれをHIUメンバーの実行委員が試行錯誤しながら猛スピードで形にしていく。

HIUメンバーとともに立ちあげた、『小麦の奴隷』が発想から1年足らずでオープンまでこぎつけることができたのも、HIUメンバーが普段からこうしたアイデアと実行力とスピード感を持ってプロジェクトと向き合って進めているからなのは間違いない。

常に時代は変化していく――。

「稼げない」「どうにもならない」「○○のせい」「こうすればよかった」……と嘆いていても仕方がない、何も始まらない。

今しなければならないのは、「働き方改革」ではなく「生き方改革」なのだ。
どう生きたいか、何をしたいか、何に集中するか、何を楽しみたいか、こう考えて
ビジネスや生活の最適化を行ってほしい。
「死なないように稼ぐ」ことを持続させれば、「いつまでも楽しく稼ぐ」ことができるはずだ。

死なないように稼ぐ。／目次

第1章　変化できる者だけが生き残る　43

第2章　「世界観」と「体験」で稼ぐ
繁盛する飲食店と生き残る人材　67

第3章 生き残るための起業、挑戦、リスタート 113

第5章　批判に負けないで　177

序章

稼ぐための仮説と検証

なぜ田舎のエンタメおしゃれパン屋をプロデュースするのか

過疎地でもおしゃれパン屋が成り立つ理由

2020年末、インターステラテクノロジズの新工場竣工式の際に、北海道大樹町にあるパン屋『小麦の奴隷』へ行ってきた。

シンプルだが人気の塩パンが並び、名物の「ザックザクカレーパン」もドンと盛られていた。まさに王道のパンから変わり種のパンまでが並ぶ店内。どれも十勝の厳選食材を組み合わせた「焼きたて」のパンばかりで、お客さんも絶え間なく訪れる。オープン以来、順調に売上を伸ばし地元の知名度を高めていて、大樹町のおいしいパン屋といえば……『小麦の奴隷』、という存在になっている。

『小麦の奴隷』はHIUメンバーが2020年4月に創業したパン屋だ。1年ちょっと前に、サロンコミュニティに提案した「地方の過疎地でおしゃれパン屋をやったらうまくいくんじゃないか?」という僕の仮説に手を挙げたメンバーによりスタートした店だ。

では、なぜ僕がおしゃれパン屋に興味を持ったのか?

話は僕が長崎県の五島列島の福江島に行ったときに遡る。

そこで、たまたま知り合った人が、博報堂の地方創生事業の一環で福江島の集落におしゃれパン屋さんを運営していたのだ。こんなおしゃれなパン屋さんが過疎地にあって経営が成り立つのか勝手に心配になって聞いてみたところ、大繁盛で毎日売り切れているというのだ。俄然、理由が知りたくなった。

その理由はとてもシンプルなものだった。

いわく「パン好きはおいしいパンを毎日食べたいんです」ということだ。自宅で炊飯器ひとつあれば炊けるごはんと違い、パンは複雑な工程を必要とする。冷凍生地のパンや、冷凍されたパンを解凍する方法もあるが、さまざまな種類のパンを保存しようと思ったら家庭の冷凍ストッカーはいっぱいになるだろう。

そもそも「パンを毎日焼いています」という人は、パン好きというかパンを作ることが好き、なのだ。

やはり一般的にパンはお店で買って食べるものだという意識は強い。そういう意味でパン屋のニーズは高い。都心だろうが地方だろうが過疎地だろうがどこだろうが。そんなニーズに刺さっていたのだ。

何より、パンは日本の食文化に入り込んでいる。「ごはん派か、パン派か」のような話も普通にされるくらいだ。いわゆる「昭和的なパン屋」やコンビニしかない地域に、ちょっとおしゃれでおいしいパン屋ができれば、みんな通い、リピートするのは当然だ。

田舎におしゃれなパン屋があまりない理由も『小麦の奴隷』を始めてみてわかった。それは意外にも「給食」にあった。

給食のパンが「あまりおいしくない」という経験は、みんなあるだろう。給食のパンを卸している会社は受注が取れているので、やはりというか残念ながらレベルが向上しないところが多い。その結果、昭和なパン屋が残り続け、競争が激しくならず味も向上しないし、種類も変化しない。

よく学校の近くに学生服屋や文房具屋があると思うが、それらと同じビジネスモデルだ。定期的な受注があるから潰れない。

毎日食べるパンとして、「コンビニのパン」もあるが、陳列棚の関係と店で焼くのが難しいこともあり、やはり専門のパン屋には勝ちにくい。そういう意味で田舎のパン屋は可能性があるのだ。

焼きたてのパンを毎日食べたい。
家では焼けない、もしくは焼くのが面倒くさい。
近くのコンビニにもおいしい焼きたてパンはない。
焼きたてのパンは、パン屋さんの独壇場。
なら、地方に一軒、おいしくておしゃれなパン屋さんがあったら無敵なのでは……
というわけだ。

さて、ここまでが僕の仮説……。「そうだよな」とうなずく読者も多いかもしれないが、ＨＩＵメンバーはここからの行動がすばらしかった。
前述の通り、僕の「地方の過疎地でおしゃれパン屋をやったらうまくいくんじゃないか？」という仮説に手を挙げたメンバーがいた。

素人パン屋、快進撃の裏側

人口５５００人程度の小さな商業圏である大樹町にＨＩＵメンバーが作った『小麦の奴隷』というパン屋の快進撃を説明しよう。

複数人のメンバーが集まり、「大樹町で成功するなら無敵だろう」ということで名乗りを挙げたが、現社長が一番乗りで大樹町に移住し、店舗の場所を見つけてクラフアンを立ちあげてしまった。パン屋の経験がない料理人を連れてきて1ヶ月で、僕の提唱する冷凍生地を使ったパンをマスターしてくれた。

ここが大きなポイントで、パン作りで一番難易度が高いのは生地を毎日同じクオリティでこねることなのだ（つまり、生地作りが難しい）。温度も湿度も毎日変わる条件のなか、発酵という微生物との対話を続けなければいけないのは、それなりの知識が必要となる。朝に買いに来る人に対応するとなると、夜中に起きてパン生地をこねることにもなる。これは地味で大変な作業だ。

その部分を、冷凍生地を使うことで突破した。

「冷凍生地？　味はどうなの？」と考えてしまう人もいるだろう。

だが実際のところ、冷凍生地か生生地《なま》かどうかは焼いてみると判別できないレベルだ。それであれば冷凍生地を使ったほうが労働条件もよくなるし、面倒なスキルを身につける必要がない。多少原価はあがるものの人件費を考えると無視できるレベルなのだ。

実は僕は『ＷＡＧＹＵＭＡＦＩＡ』の初期のディナーコース料理に出すため、和牛の牛脂を使ったクロワッサンを手ごねで作った経験がある。「ワギュワッサン」と名づけたのだが、軽めの食感のクロワッサンに焼きあがる。バター生地にも牛脂を塗り、表面にも塗った品だ。

それをたまたま関西の『パティシエ エス コヤマ』の小山進さんが食べて「牛脂を使ったらこんなおいしくなるんだ」と感動してくれ、さらに嬉しいことに「ぜひ、うちに作らせてほしい」と申し出てくれた。

それからは、イベントがあるときなどに、牛脂を『パティシエ エス コヤマ』に送りクロワッサンを作ってもらっていた。冷凍した状態で『ＷＡＧＹＵＭＡＦＩＡ』に送られてきて、マニュアル通りに解凍し焼いていたのだけど、これがめちゃくちゃおいしかった。

僕には、この体験があったので、「パンは冷凍生地でいいんだ」と頭のどこかに残っていたのだ。

正直、パン好きの人でも、多くのお客さんは「冷凍生地か生生地か」はわからないと思う。生地の種類でパンを選ぶことはなく、当然おいしければ選んでくれるのだ。

要は「生生地にこだわる」ことは、消費者のニーズとズレているのだ。

そして、冷凍生地を使うことで、いろいろなメリットが出てくる。

まずは、先にも述べたような、製造工程の大幅なカットが可能ということだ。冷凍生地は、パンの製造工程において、多くの時間と労力を要する、粉運びから計量、調合、温度湿度管理、もっともハードワークである「こねまで」をカットすることができる。

誤解を恐れずにいえば、パン屋はブラック労働の代表格ともいえる。

僕は「パン屋のパラドックス」と名づけたのだが、パン屋をやろうとする人はとにかくパンが大好きな人なのだ。そういった人は、生地にこだわり、自分でとことんこねたくて、天然酵母とかを入れたくて、とにかく種類もたくさん作って出したい。となると、朝の開店に間に合わせるためには、深夜～早朝から生地をこねて準備を始めなければならない。自ずとブラック労働になっていくのだ。

ラーメンのスープをずっと仕込んでいる店主、みたいな感じだ。

僕はこうした働き方、やり方を否定しているわけではない。本人が好きでやっているなら、何も問題ないと思うし他人がどうこういうことではない。

しかし、これがスタッフや弟子、バイトの子、家族など、周りの人も合わせなくてはいけないような環境となると、こんなにつらいことはない。（たとえ、本人がそういった意識がなくても）そんな環境を強制させるような職場では働く意欲がなくなる。

冷凍生地を使えば、生地を作る工程がごっそりカットでき、そんなに早くから仕込みをする必要もなくなる。前日に解凍しておいて、朝出勤したら成形からスタートすればいいのだ（もちろん、成形のあとには発酵・焼成という工程があり、けっして簡単にパンが作れるわけではない）。

女性のパン職人は結婚や出産のタイミングで、この深夜〜早朝からの仕込み、準備などがネックになり、パン職人の道をあきらめる人も多いと聞く。冷凍生地の活用で解決できるだろう。

また、これで無意味な修業（徒弟制度）もなくなるはずだ。

普通、個人でパン屋さんを開業させるとなると、修業を何年も積んでというのが当たり前だろう。しかし、『小麦の奴隷』ＦＣ（フランチャイズ）に加入すると、本部での１ヶ月の研修で、成形・発酵・焼成はもちろんのこと、開業の仕方やホール作業などもマスターしてもらう。

やると決めてから、早ければ数ヶ月でパン屋をオープンできるのだ。

これまでの、早朝から出勤して、重い小麦粉を持って運んで、生地をイチからこねてという楽しくない重労働がなくなれば、誰にとっても「サステナブルなパン作り」が可能になる。

これからは、効率化できることをしっかりやっている人が生き残るし、強くなる。『小麦の奴隷』では、パン屋のホワイト化が実現できればいいと思っている。

もっと大事なことに注力できる

次に大きいのが、「生地作りのことを考えなくていい＝生地作り以外のことに注力できる」というメリットだ。

僕はパン作りの醍醐味は成形からだと思っている。自分のアイデアを形にする工程なのだから、楽しくないわけがない。工夫のしがいもたくさんある。作業自体は簡単ではないが、ここからオリジナリティを存分に発揮できる。

この部分に時間をかけたり、いろいろ試作をしたり、好きなパンを作れる楽しさを堪能できるはずだ。

パン作り以外にも、やることはたくさんある。営業やSNSなどでの宣伝の時間に使えるし、他のパン屋や飲食店を視察することにあてたっていい。要はパンをどう売っていくか、どう広めていくか、というところに力を注げるのだ。

これはパン屋に限った話ではなく、とくに飲食店全般にあてはまる話だと思う。僕から見たら、こだわるべきではない業務にこだわっていて、もっと大事なことがあるのに、それを疎かにしている店主やお店は思いのほか多い気がする。

少し話がずれるが、最近はこの『小麦の奴隷』の流れでパティシエ関連の分野に少し入り込んできたので、旧知の『パティシエ エス コヤマ』の小山さんをはじめいろんな人たちと情報交換している。

パティシエは昔から「化学の世界」だ。だから材料はグラム単位で常に計量しなければならない。発酵や微生物がかかわる化学反応には、温度や湿度などが敏感に関係する。故に、ずっと以前から繊細な調理がされてきたのである。

だからこそ修業は厳格。化学が発達していなかった頃から化学していたことを伝えるために厳格な徒弟制度が敷かれてきたのである。

今はお菓子やパン作りのほとんどのプロセスは解明されており、体系的に学ぶことが可能だ。

徒弟制度の弱点はイノベーションに弱いということ。伝統を重んじるがあまり、常識にとらわれ新しい発想がなかなかできない。

僕はそこにチャンスがあると考えているので、チャレンジのしがいがある。

たとえばだが、いちごの皮を剥くということを考えたことがあるだろうか？「え？いちごに皮？何の話？」と思う人も多いかもしれない。

あの小さな種がついている赤い部分。薄いけどあれがいちごの皮である。

その皮についているツブツブのゴマみたいな種の食感は実はあまりよくない。加えて、皮はすっぱいし若干の苦味もあるはずだ。

これを取り除くとあら不思議、甘みだけの舌触りもシルクのようないちごの実が現れる。「あまおう」のような大きめの甘みの強いいちごは尚更だ。これを、たとえば薄くスライスして薔薇みたいにタルトなどの上に散りばめてみたら素敵なスイーツの完成である。

これはおそらくシャインマスカットとか、とうもろこしとか皮を剥かないのが普通な果物、野菜すべてに通じるアイデアだと思う。

この程度のことでもなかなか実行できないのが伝統の弱みなのである。

小山さんは、カステラで一番おいしいといわれるフィルムにくっついた「カラメル」の部分を表巻きにした『小山ロール』を作りあげた。フィルムにカラメルの部分がくっつくのでパティシエ界での常識は裏巻きにすることだった。それを表巻きにするために成分を工夫して実現したのだ。

たったこの1点だけのことで関西随一の『パティシエ エス コヤマ』が、生まれたのである。そう考えると、この世界にはチャンスしかないと思うのだ。

パン屋をやるのなら、このチャンスをものにするために、「生地を作る」という、やらなくていいことに時間をさかないで「自分がやるべきことに集中する」ということが重要なのである。

異業種や未経験者がパン屋に参入しやすくなる

3つ目のメリットは、異業種や未経験者がパン屋の業態に参入しやすくなるという点だ。これまで述べてきた通り、生地を作る工程がなければ、パン作りのハードルはグッと下がる。さらには、従来パン製造に必要とされている機械購入の一部が不要となり、初期投資の削減も可能だ。

もしパン屋を流行らせる自信があって、自分がパンを作れなかったとしても、成形以降の工程ができる職人がいればいい。もしその職人がパン作りの経験が乏しくても1ヶ月程度あれば、パンを作ることができるだろう。

実際に『小麦の奴隷』のパン職人は、パン屋の経験がない料理人だったにもかかわらず、1ヶ月程度で冷凍生地からのパン作りをマスターしてしまった。

本書でもさまざまな点から解説するが、今の飲食業界ほどイノベーションを起こせる場はないと思っている。よく飲食業界は競合が多くレッドオーシャンと呼ばれるが、僕から見れば広大なブルーオーシャンといえるほど、可能性が見える業態なのだ。

これは、異業種や他業種から参入する人ほど感じることだと思う。飲食業界の常識にとらわれずに、チャレンジして試行錯誤し続けることができれば成功の可能性はかなり高いはずだ。

パン屋もまったく同じだと思っていて、要所を押さえ楽しくパン作りを行うことができる環境を整えれば、しっかり結果を残せるはずだ。

『小麦の奴隷』の次なる展開としては、ＦＣ本部を設置し、東京に研修可能な店舗を作って今春には複数のＦＣ店がオープンする予定である。

ＦＣといっても、「すべてマニュアル通りにやってください」という押しつけがましい形ではなく、お店の運営自体はどんどんチャレンジしてもらいたい。その過程や結果をＦａｃｅｂｏｏｋグループなどで情報共有し、グループ全体でそれを生かしていきたい。

とくにパンの新メニューなんかは、反響がよければ、それを即アップ&共有して、他店でも次の日から店頭に並べるくらいのスピード感と即応力を持って進めていきたいと思っている。

同じような方法は『ＷＡＧＹＵＭＡＦＩＡ』で実行していて、メニューだけではなく好評だった料理人のパフォーマンスやコミュニケーションも話題にしている。このようなスピード感による情報の平等化が強みになっていて、料理人や店舗によってクオリティにバラツキが出るのを防ぐことにつながっている。

大樹町の事例から「自分もできる」「自分のほうがもっとうまくやれる」と思って

くれた人がどんどん集まり、いろんなアイデアで『小麦の奴隷』グループ全体を活性化してほしい。

田舎や地方などの小さな商業圏で意欲を持ってやれる人は、高い確率で成功できるビジネスだ。

スピード感、アイデア、実行力

さて、大樹町の『小麦の奴隷』のオープン時に話を戻そう。

何といってもすばらしかったのはそのスピード感だった。

僕が福江島に行って、件のパン屋を見て仮説を立てたのが、2019年の5月頃、そこから、1年足らずでオープンまでこぎつけた。

そして彼らは初期費用を抑えるために元が呉服屋の店を（HIUのメンバー、SNSをきっかけに応援してくれる方、地元の大樹町の方々の多大な協力によって）セルフリノベして、中古の機材を購入し、クラウドファンディングで約150万円の支援を集め、トータル1000万程度の資金で開業した。

こんなスピード感で実行できるのは、あきらかにHIUが影響している。HIUではこれくらいのスピード感や実行力が当たり前なのだ。

さて、具体的にパン屋のオペレーションを考え、他店を分析するなどしていて初めてわかったこともあった。レジ打ちの大変さについてだ。

人気パン屋のレジはよく行列になっているのを目にするが、単に人が殺到していてさばくのに時間が掛かっているわけではなく、「値段がバラバラ」なのと「バーコードがついていない」というのが大きな問題なのだ。

パンの種類と値段をすべて覚えていなければ、レジを早く打つことはできない。新人のバイトの子なんかには、そんなことは無理だろう。

多くの店は、原価率から考えてそれぞれのパンを値づけしているから、てんでバラバラになるのだろうが、別に原価率にこだわる必要はない。

『小麦の奴隷』では、できるだけ値段を統一し、レジ打ちはシンプルで迷わないようにしている。

「そんなところにこだわらなくても」と思う人がいるかもしれないが、こういった細部がけっこう大事で、少しの工夫でお店もお客さんもストレスがなくなるのなら、やらない理由はないだろう。強いられなくていい負担はなくすだけだ。こういったありそうでなかった工夫は、どんな仕事や業務にもあるはずだ。

話題になるような目玉商品を開発する必要があると考え、「ザックザクカレーパン」という名物商材も生み出した。「カレーパングランプリ2020（主催 日本カレーパン協会）」の東日本揚げカレーパン部門で見事金賞を受賞するなど瞬く間に話題になった。

見た目からしてインパクトがあるこのカレーパンは、衣に一般的な細かいパン粉ではなく、粗目のクルトンをたっぷりつけることで香ばしく、まさに「ザックザク」の心地よい食感を出している。「冷めてもおいしいカレーパン」としても評判だ。見た目にも楽しいクルトンは創作時にそのサイズを徹底的に研究したようだ。カレーパンと相性のいいカレールーの食材を探し、大樹町の高松農場さんのジャガイモを使ったり、揚げても重くならない質のいい油を使ったりと、試作から改良を重ねているし、これからもアイデアをどんどん試していくはずだ。

オープン時に、このザックザクカレーパンを店のＬＩＮＥ@に登録してくれた人に無料プレゼントするという告知が効いたのか、最初から順調な滑り出しだった。

しばらくしてからは、訪問販売を始め、売上を伸ばしていった。

事業所や役場、医療施設、工場、牧場、保育園などを訪れ、その場で売っていく行商スタイルだ（いわゆる移動販売、キッチンカーといわれ、公園や施設の敷地内、イベント会場などで販売する形とは違う）。決まって訪れる場所もあるらしいのだが、本当にアポなし突撃の訪問販売も行っていて、最初は驚かれるが、かなりの確率で受け入れて買ってくれるようだ。

田舎や地方は最寄りのスーパーやコンビニなどまで距離があることが多いので、パンを届けてくれること自体が喜ばれるということを知った。そして、コンビニのパンよりもクオリティが高くインパクトがある、種類も多い。そんな理由もあり、パン好きの人に瞬く間に浸透した。またパンはお昼など主食だけでなく、おやつや軽食、翌日の朝食などとしても食べられるので、とりあえず買っておくという人も多いのだろう。

さらに、訪問販売によって好循環が生まれている。パンを買ってくれた人たちが、実店舗に買いに来てくれるのだ。訪問販売が集客や認知につながっていて、一石二鳥以上の相乗効果をもたらしている。

都内や都市部などでは、今は多種多様なキッチンカーが盛況であるが、パンの訪問販売も地域や職種などターゲットを絞ってやれば勝算はかなりあると見ている。近いうちにこの仮説も試してみたいと思っている。

「コンビニに勝てるかどうか？」が大事

パン屋に限らず、「これから飲食や食の販売の世界にチャレンジしよう」「すでに飲食業界にいるけど、新しいことを始めたい」と思っている人は、「コンビニを意識する」という考え方が必要だ。

「コンビニに勝てるかどうか？」と問うことが、これからのビジネスのキーになる。「コンビニがやれるか？」「コンビニがやってくるかどうか？」ということはものすごく大事で、そういう意味でこのパンの分野は、『ナチュラルローソン』などが店頭で焼きたてパンを販売しているが、パン好きに浸透しているとはいえないので、コンビニを凌駕できる可能性が高いのである。多くのコンビニに並ぶパンは、サンドイッチやお惣菜、冷凍食品ほどレベルがあがっているとはいえず、昭和から変わらない老舗メーカーのパンが並んでいるところも多い。

僕自身、コンビニは大好きで、常に店舗に行ってリサーチしている。パン屋をプロデュースしたいと思ったのも、「コンビニを倒せるかもしれない」というおもしろさがあったからだ。

ちなみに『牛角』の創業者でもある西山知義さんが『焼肉ライク』というひとり焼

肉専門店をスタートさせ快進撃を続けているが、西山さんも「コンビニには（その場で焼く）焼肉は売れないから」ということは話していて、コンビニを判断材料のひとつとして新業態を考えたのがわかる。

コンビニをベンチマークしながら、自分の業態や仕事について考える習慣をつけてほしい。

さて、『小麦の奴隷』のＦＣ展開として、２０２１年2月に滋賀県大津市に新店舗がオープンし、今後は詳細は未定だが、沖縄県北谷市・茨城県笠間市・北九州市小嶺・香川県高松市・岐阜県各務原市・埼玉県越谷市・大阪市北区などに開業予定だ。

おいしいパンとエンターテインメント体験を届けながら、地方を活性化できるプロジェクトはワクワクする。

この新しい地域活性型のビジネスを人口1万人以下の小さな商業圏を中心に全国に広めていきたいと思っている。

ベーカリー 小麦の奴隷
〒089-2152 北海道広尾郡大樹町西本通26
Open 9：00 〜 Close 17：00
定休日：月（祝日営業）不定休：火

人気のザックザクカレーパン

第1章

変化できる者だけが生き残る

ウイルスも人も企業も試行錯誤しなければ生き残れない

新型コロナウイルス騒動は今だから起きている現象だ。

100年前だったらもっと違う状況になっていただろう。

ポイントは「遺伝子解析の進化」だ。

僕はこれまで遺伝子解析を3回受けている。アイスランドの「デコードミー」、『ナショナルジオグラフィック』とIBMが共同で行っている「ジェノグラフィック・プロジェクト」、そして日本の「ジーンクエスト」だ。

「ジーンクエスト」は解析のジャンルが多種類なのに加え、解析結果が常にアップデートされていて、けっこうおもしろい。

最近は新型コロナウイルスの重症化リスクまでわかるようになっている。

「ジーンクエスト」代表の高橋祥子さんいわく、重症化する遺伝的な背景が世界各国で探られていて、全体像まではわかっていないものの、ある程度の重症化リスクはわかるようになっているそうだ（2021年1月現在）。

遺伝情報である人間の「ゲノム」が解読されたのは2003年。実は思っているよりも最近の出来事だ。

「ゲノム編集」などがこの15年くらいで急速に進化し、一般にも広まった。今では簡単にＤＩＹでゲノム編集ができるほどだ。

少し余談だが、今の社会を動かしている人たちの情報は、30年くらい前の義務教育の情報で止まっている。ゲノム編集のことは学校で習っていないのだ。知識をアップデートしていない人が多いので、最近はそれによる弊害も出ている。

話を新型コロナに戻すと、そうやって生命科学が進歩してきたことで「ＰＣＲ検査」ができるようになった。

ＰＣＲ検査を簡単に説明すると、「ＤＮＡサンプルの特定領域を数百万～数十億倍に増幅させて検査する方法」だ。素早く検査ができる反面、ウイルスの量や検体を採取する方法などによって正確性は異なってしまう。

つまり、「解析できない遺伝子が解析できるようになった」からこそ、「新型コロナウイルス」が顕在化したわけだ。１００年前だったら、よくも悪くも原因不明の病気で片づいていただろう。

コロナ禍は「知ることができる情報が増えた」ゆえに起こった騒動なのだ。

新型コロナの変異種が発見されて話題になったが、それも遺伝子解析が進歩して見つけられるようになったからこそ、話題になったといえる。

そもそもウイルスや細菌の世界では、変異種が広がるのは当たり前のことだ。アルゴリズムによって生まれた変異種のひとつが状況が変わっても生き残って増殖し、広がるだけのこと。すべては結果論だ。

「たまたま」その変異種が生き残ったのである。

変異種が増えて多様性が高まるほど、どれかが生き残る可能性は高まる。それは、企業やビジネスでも同じだ。

新型コロナウイルスで多くの飲食店が大打撃を被ったが、「たまたま」テイクアウトを主体にしていた飲食店はむしろ絶好調だ。コンビニやお弁当屋も売上を伸ばしている。

どれが優れているかという話ではなく、「たまたま」そうなったのだ。

状況の変化が事前に予測できていれば生き残るための準備ができるかもしれない。しかし、準備ができるなら危機的な変化ではない。

たいていの危機は、予測できない想定外のことが起こった結果だ。

予想ができないのであればウイルスのように、事業、サービス、商品の変異種を生み出すしかない。

水平的な進化で「変異」を生み出せば「多様性」が生まれる。多様になればなるほど、危機的な状況の変化があっても、いずれかの事業やサービス、商品が生き残る可能性は高まる。

そして「変異」や「多様性」を生み出すためには「試行錯誤」しなければならない。生物科学的にいえば、累積の探索量を増やす必要があり、わかりやすくいえば、「たくさんチャレンジする」ことが必要だ。

生き残るためだけでなく、成功するための考え方も原理は同じだと思っている。

実はかのピカソも、たくさんの試行錯誤を繰り返したからこそ、世界有数の画家になることができたのだ。その証拠として、作品の点数が圧倒的に多い。一般的な芸術家と比べると2桁くらい違う。

秋元康さんも一緒だ。他の作詞家と比べて10倍以上の作品を生み出している。多作であることを「打率が低い」と揶揄する人もいるが、重要なのは打率よりも打席数だ。それだけ試行錯誤したということだからだ。

どの世界でも、強い固体は多くの打席に立っている。

身近なところでいえば、生き延びている飲食店も臨機応変に試行錯誤を繰り返している。とりあえず通販を始めたり、通販用の商品を新しく開発したりと、1日単位で変化しているのだ。

結果を出していない人も企業も、たいてい打席に立つ回数が少なすぎる。

生き残るためには、とにかく打席数を増やすことが重要だ。言い訳するよりもまずは打席に立とう。

試行錯誤することで、生き残るための希望を見出してほしい。

現実に合わせて早めに変化すればチャンスは来る

「ニューノーマル」という言葉がかなり普及したが、新型コロナウイルスによって日常は大きく様変わりしてしまった。

大きな打撃を受けた業界のひとつが、旅行業界だ。最初の緊急事態宣言も発令された2020年の4月の需要は1/5~1/6に減少している。

そうした大きな状況の変化が起こったときこそ、試行錯誤しながら変異することが大切だ。

試行錯誤するといっても闇雲に何でも試すということではなく、ビジネスにおいては変化するニーズに応えるのが前提だ。

コロナ禍においては、感染症対策をすることが新たな大前提になる。その前提を踏まえつつ、思い切った試行錯誤を経て変化できるかどうかが生死のわかれ目になると考えている。

たとえば、『星野リゾート』の変化は早かった。

代表の星野佳路さんに話を聞く機会があったのだが、まずすぐにチェックインの方法を変えたそうだ。

以前はエントランスの景色がよいところに座ってもらい、お茶を飲みながら「ゆっくりチェックイン」する方式だった。それが『星野リゾート』らしいおもてなしの象徴にもなっていたのだ。

しかし、すぐに部屋に案内してチェックインする方式に変更した。そうすることで、他のお客さんと接触しなくて済むように配慮している。

人気のビュッフェレストランも提供の方法を変えたそうだ。

ビュッフェ方式では他のお客さんと接触する可能性が高くなるので、テイクアウトに変えたのだ（2020年7月から、「3密回避」「衛生管理」の対策を徹底した新しい提供方法として、ビュッフェ形式を進化させ「新ノーマルビュッフェ」というスタイルで提供している）。

さらに、大浴場も感染症対策を工夫しているそうだ。

「密の見える化」を重要視して、大浴場の混雑具合がスマホで確認できるシステムの導入を進めた。

リアルタイムだけでなく、過去のデータを使った混雑状況の傾向もわかるようにすることで、お客さん自身が予測して「密」を避けられるようにするらしい。これは本当に頭がよいアイデアだと思う。

「マイクロツーリズム」への対応もいろいろと考えていた。

マイクロツーリズムとは、「自宅から1~2時間圏内への旅行」のこと。

訪日外国人が減ってインバウンドが期待できなくなる一方、日本人も海外に行かなくなると、日帰りを含めた近隣への国内旅行が増え、マイクロツーリズムの需要も拡大していく可能性が高いからだ。

高度経済成長期には、山の旅館で海の幸を出し、海辺の旅館で山の幸を使った料理を出していた。なぜなら、近所の人が「非日常」を求めて旅館に行くという需要が大きかったからだ。

それこそマイクロツーリズムへの対応だろう。

移動手段の進歩とともに地産地消が当たり前になってきたが、『星野リゾート』では以前のような「近場の非日常」を提供することをいろいろと試すそうだ。

これだけ素早く対応して変化できる『星野リゾート』だからこそ、人気が続いているのではないだろうか。

旅行業界が大きな打撃を被ったのは間違いないが、長期的に考えればポジティブな側面もある。

コロナ禍によってテレワークが普及したことで、旅行に行きやすいライフスタイルへの移行が一気に進んだのだ。

宿泊先で仕事ができれば、旅行に行くパターンはいろいろと増える。

たとえば、連休の合間に1日だけ仕事をしなければならなくなったとしても、テレワークを活用すれば連休をまるまる潰す必要がなくなり、旅行に行きやすくなる。

『星野リゾート』の例を見ればわかるように、旅行業界のアイデアは、飲食業界などで応用できることも多い。

感染症対策が難しい業態もあるが、スタッフやチームとアイデアを出し合って試行錯誤しながら何とか生き延びよう。

今はお客さんも状況を理解しているので、手間が増える変更であっても受け入れられやすい土台は整っている。思い切った変化も可能なはずだ。

苦しい状況だからこそ、競合は減っているだろう。何とか対応して乗り越えることができれば、状況が好転したときにはチャンスが訪れるはずだ。

『WAGYUMAFIA』で行ったコロナ対策

コロナ禍のなか、現実に素早く対応している具体例として、『WAGYUMAFIA』でやったことも紹介しよう。ここではとくに、2020年4月の緊急事態宣言発出後の取り組みを紹介したいと思う。1~2店舗を運営していて、今なお厳しい状況に立たされている飲食店、レストランなどの経営者には参考になるはずだ。

われわれ『WAGYUMAFIA』グループは2020年の4月時点で、直営店の4店舗、フランチャイズの2店舗を展開していた。

ハイエンドレストランの部類に入ると思っているが、世界中がコロナショックのなかならブランド価値は毀損しないだろうという読みもあって、早めに体制を大きく変更した。コロナ禍の状況が長く続く最悪の事態も想定してのことだ。

まずは、直営店の3店舗を休業することにして「休業補償」を申請した。この「休業補償」を最大限申請してクローズ店舗の家賃分を補填したのだ。

次に、「家賃の交渉」も行った。大家の立場になって考えると、家賃交渉をする余地があると考えたからだ。

コロナ禍の先が見えない状況では次のテナントがすぐに決まる可能性が低い。また、家賃が払えなくなって滞納してしまうリスクもある。そう考えれば、減免してでもちゃんと払ってもらうほうがお互いのためだろう。

さらに前述の通り、直営店の営業は「1店舗に集約」した（『WAGYUMAFIA THE BUTCHER'S KITCHEN』のみ）。

スタッフをひとつの店舗に集めることで、店休日をなくして営業時間を延ばすことができるからだ。

実際、日曜祝日も休みなく営業し、営業時間は10時～20時の通し営業にした。

営業時間を拡大したのは、少し早めのディナー需要を確保しつつ、ランチタイムにはお弁当やカツサンドのテイクアウトにも対応するのが狙いだ。

また、お客さんが来ない（少ない）「アイドルタイムも有効活用」するようにした。宣伝用の動画などを撮影したり、メニューの開発を行ったりしていたのだ。

ECで販売する餃子やコンビーフを作る時間もアイドルタイムを使っていた。

およそ1店舗分の売上がECで立っていたので、けっして小さくない。

アパレルや調理器具もECで販売し、会員権つきのクラウドファンディングも実施した結果、3月の赤字状態から4月には黒字に戻すことができた。

ちなみに、集約した直営店は惣菜販売と精肉販売の許可ももらっていたので、餃子や生肉を販売しても問題はない。

コロナ対策でにわかにお弁当を作って販売しようとするのはよいのだが、「営業許可がないと違法」になることもある。事前に保健所に相談するようにしよう。

「けっして安売りしない」のも重要なポイントだ。

ランチタイムと同じで、お弁当はあまり儲からない。買ってもらうために値下げをすると、労力が掛かるだけで利益が出なくなってしまう。

忙しくても儲からなければ疲弊してしまうだけだ。

さらに重要なのは、雇用調整助成金などの「補助金」が出るなら活用すること。従業員やバイトには休んでもらって、補償をもらったほうがよいケースは多い。

キャッシュ（現金、運転資金）がなくなると営業できなくなってしまうので、赤字を垂れ流している事業や店舗があるならストップするか縮小すべきだろう。流れる血を止めることが先決だ。

また、必要ならお金を借りるべきだ。政府の保証もあって政策金融公庫などの借り入れ制度が使いやすくなっているので、必要なら相談して利用してみてほしい。むやみに借金をする必要はないが、無保証無利子の融資や補助金などが利用できるなら、「キャッシュポジションは多め」に取っておくのがおすすめだ。

２０２１年1月には、２度目の緊急事態宣言も出され、いうまでもなく新型コロナショックで多くのビジネスが危機に瀕している。飲食店だけでなく、イベント会社や舞台関係者、そして夜の飲食店などは、まさにその極みであろう。

こういった状況になってしまった今、頭を切り替えて「この状況を利用してビジネスにつなげる」と気持ちを前向きにするしかないだろう。先に挙げたように、ＥＣを展開したり、ウェブやライブ配信・動画などを利用してできることを探して、今あるビジネスをピボットさせていくことも考えなければならない。

明けない夜はない。できることはすべてやって、何とか生き延びよう。

外食産業はちょっとしたアイデアで激変する

外食産業には「経営者マインド」を持っている人が少ない。

なぜなら、今までの外食産業を作ってきたのは料理人だからだ。

料理自体が好きな人や、おいしい料理をお客さんに届けたいと思っている人がレストランを始めるパターンがほとんどだと思う。

それが悪いわけではないが、料理のプロが専門外の「経営」や「戦略」をうまくできなくても当然なのだ。

『WAGYUMAFIA』グループでは『マシのマシ』というラーメン店も展開しているが、営業時間は1時間限定で、1万円のラーメンしかない。

神戸ビーフが300グラムも乗っているのでそこまで高くはないが、その値段を認めてもらうにはどうやってブランディングするかと常に考えている。

ラーメンの価格は日本では１０００円が大きな壁だといわれているが、アメリカに行ったら20ドルや30ドルになっている。

グローバルに視野を広げれば、原価を考えず価格から決めるのも当然の「戦略」というわけだ。

日本の外食産業は「戦略」が乏しいからこそ、ちょっとした戦略で市場は激変すると思っている。

具体的には、「ラグジュアリーブランド」や「エンターテインメント」の「戦略」を取り入れるべきだ。

「ラグジュアリーブランド」の考え方はアンディ・ウォーホルが生み出した。アンディ・ウォーホルといえば、有名な作品に「マリリン・モンロー」と「キャンベルスープ」がある。モチーフは「大女優」と「大衆的なスープ缶」だが、アート作品としては等価ということを示した。しかも、シルクスクリーンで量産しているものの価値も認めさせてしまった。

その影響で、パリに3店舗しかなかったオートクチュール（オーダーメイド）のブランドだった「ルイ・ヴィトン」も大量生産を始めたそうだ。利益率が高い「高級な既製品」を売り始めて人気を呼んだのだ。

それがラグジュアリーブランドの基本的なビジネスモデルというわけだ。

「エンターテインメント」は「ディズニーランド」で考えると簡単だ。

ディズニーランドでの体験に対して、コスパを重視する人はあまりいないだろう。「決められた入場料」に「見合う体験」があるから人気があり、利益も確保できる。

ラグジュアリーブランドやエンターテインメントの文脈で考えればアイデアはいろいろと浮かんでくる。外食産業はまだまだ可能性を秘めているのだ。

少し話は変わるが、「飲食の競合」は絶対に「コンビニ」だと考えている。

コンビニがやれる業態や商品で勝負しても厳しい戦いになるだろう。

よい例が冷凍食品だ。コンビニの冷凍食品はクオリティがあがっているので、規模も利便性も圧倒的なコンビニを相手にして勝てる見込みはまずない。

ではコンビニの苦手分野はなんだろうと研究して、「パン」にたどり着いた。

コンビニはドーナツで失敗しているが、要因は種類が足りなかったからだと分析している。『ミスタードーナツ』などの専門店ではドーナツの種類がいっぱいあるが、お客さんはそこから選ぶ楽しみも期待しているのであって、単にシンプルでおいしいドーナツを食べたいわけではないのだ。

コンビニの限られたスペースでは置ける種類に限界があるので、売れ筋ではない商品を並べるのは難しい。そこがウィークポイントだ。

パンもドーナツと一緒ではないかと考えて、HIUから、『小麦の奴隷』というフランチャイズのパン屋を始めたというわけだ。

冷凍生地を使うことで、おいしいパンのバリエーションを増やすことに成功した。

訪問販売サービスも人気なので、これからますます伸びると予想している。

とにかく、外食産業はまだまだ可能性に満ちている。

新しい戦略やアイデアが出てくれば出てくるほど、市場は活性化すると思っている。

だから、異業種からもどんどん参入してほしい。

外からでも内側からでも構わない。みんなで外食産業を変えていこう。

実はテレビこそサブスクに向いている

僕がテレビ局を買収してやりたかったのは「サブスク」だ。

残念ながら当時はまったく理解されなくて実現できなかったが、同じくらいの資金が動かせるなら、今でも同じようなことを考えると思う。

サブスクとは「subscription（サブスクリプション）」の略で、直訳は「予約購買」といった意味だが、要するに「定額制」のことだ。

新しい概念だと思っているかもしれないが、実は古くからある。

その代表が「新聞」だ。昔は新聞をはじめとするコンテンツに対してのサブスクが圧倒的に多かったが、スマホの「データ定額サービス」などにも拡大し、サブスクが定着して注目度が高まったのだ。

最近は「アマゾンプライム」に加入している人も多いのではないだろうか。

テレビ局を買収してやりたかったことは、まさに「アマゾンプライム」に近い。

「アマゾンプライム」は、配送料が掛からないだけでなく、ビデオも見られるし、一部の電子書籍も読めるし、他のサービスもいろいろと付随している。

「アマゾン」は本から入ったが、それをブログなどから始めたいと考えていた。サブスクでテレビのコンテンツなども見られるようにしたいと構想していたのだ。

現在は、動画配信サービスだけのサブスクも成功している。

その代表格といえば「ネットフリックス」だが、動画や映像の世界は完全に資金力によるパワープレイだ。

たとえば、日本発の『全裸監督』というコンテンツがある。

グローバルに配信されていて、アメリカなどでもわりと人気を集めている。人気だからこそ、シーズン2の制作もすぐに発表された。

おそらく内部に指標があってＫＰＩを達成したから、続編を作っても利益が出ると簡単に予測できるのだろう。

『全裸監督』の制作費は1話1億円弱だといわれている。

シーズン1は全8話で、プロモーションコストもそこまで掛かっていないはずで、合計10億円も使っていないだろう。それなら1年も掛からずに回収できるはずだ。

つまり、回収できる作品にお金を掛けてどんどん作っていくパワープレイだ。

もちろん、お金を掛けているからこそ、コンテンツもよくできている。

「ネットフリックス」はドキュメンタリー作りも上手だと思う。

画作りがしっかりしていて、テロップもキレイに入っているので、「音がなくても」内容がわかる。バーで飲みながら見ることもできるし、誰かと会話しながらでも見ることができる。「使えるシーンが多様」なのだ。

その点、テレビは弱い。

ドキュメンタリーも「テレビの前で集中」して見るのが前提だ。しっかり見ないと内容がまったくわからない作りになっている。

スマホでの視聴も意識すれば作り方は変わると思うが、もったいない状況だ。

実は、日本の「地上波テレビ」と「サブスク」の相性はよいはずだ。

僕は昔、テレビ東京の「iモード」事業にかかわっていて、会員数を10万人に拡大するというミッションを1年で達成したことがある。

考えつくあらゆる方法を試したので、テレビ番組と連動すればサブスクの会員が増えるということがわかっているのだ。

もっとも効果的だったのは11時間ずっと放送される時代劇だ。

合間のクイズすべてに答えたら豪華賞品に応募できるというタイミングで、ハガキではなくモバイルで簡単に応募できると訴えたら、会員が一気に2～3万人くらい増えたのだ。

刺さるポイントさえ見つけて、そこを訴求すれば会員は獲得できる。

テレビの視聴者は、納得すれば数百円くらいのサービスならすぐにでも加入してくれる。その対価に見合うと思えるサービスを作ればいいのだ。

テレビ局を買収したら数千万人規模のサービスに育てて、そのモデルを他のテレビ局や海外のテレビ局などとも連携して、さらに拡大したいと構想していた。

日本のテレビ局がいまだに本格的なサブスクを展開していないのは、意味がわからない。本当にもったいないと思う。

テレビ局も意識や戦略を変えるだけで、可能性はもっと広がる。

ユーザーの時間をどう奪えばいいのか？

ビジネスを考える上で「可処分時間」についてもっと真剣に考えるべきだ。

1日は「24時間」と決まっていて限られているので、ユーザーやお客さんの時間をどう奪うかがカギになっている。

今はたいていのことがウェブという同じ土俵で比較できるようになった。

「食事に行く」「スポーツをする」「ゲームをする」「ドラマを見る」「マンガを読む」……といった選択肢がいろいろあるが、それをすべてネット上で比較できるのだ。昔は情報がなくて比較できなかったが、今は簡単に比べることができる。

どうせお金を払うなら、比較してよりおもしろいほうを選ぶ。

たとえば、「おもしろくておいしいレストラン」と「おもしろくなくておいしいレストラン」を比べたら、おもしろいほうを選んで当然ではないだろうか。

昔は知る人ぞ知る隠れ家的なレストランだったとしても、今は簡単に比較できる。手軽に予約でき、すぐに場所もわかるのだ。

つまり、「情報が民主化」している。

この流れはどんどん進んでいくので、よりおもしろいものが選ばれる傾向は強くなるばかりだ。

その結果、「食×エンタメ」は2・0のフェイズになると考えている。

「食×エンタメ 1・0」の代表的なお店は、『紅花』や『NOBU』だ。どちらも食をエンタメ化してアメリカで人気を集めたが、調理を魅せるという要素が強い。

「食×エンタメ 2・0」は味も断然おいしくなる上に、テクノロジーも導入する。バーチャルな炎を作ったり、レーザーで演出したり、ARを活用したりもする。

『WAGYUMAFIA』はマカオの『MGM コタイ』という新しいカジノホテルで2ヶ月間ポップアップイベントを行ったことがあるが、エンタメ要素も味も好評で、ずっと満席が続いていた。

そのイベントを拡張して、状況が許せばラスベガスにも進出する予定だ。

おなじみの「行ってらっしゃい！」という掛け声にレーザーの演出を加えたり、「ドドドドドー」という効果音を加えたりして料理を提供しようと企んでいる。

「食×エンタメ 2・0」の演出が当たり前になったら、それ以外の飲食店は物足りなく感じてしまうかもしれない。

「このお寿司屋はARの演出ないのか……」と思われるようになるほど、エンタメ化にはインパクトがあると思っている。

選ばれる理由を作る方法としては「高額メニュー」で差をつけるのも有効だ。

知り合いの飲食店は、なんと1枚24万円というピザを提供している。生地の上にこれでもかというほどたくさんのキャビアを乗せまくっているのだ。

ここまで高いので「注目」が集められるのはもちろんだが、最近は実際に「売れる」状況にもなってきた。とくにお客さんの記念日なんかには人気のようだ。

富裕層はブランディングに成功したシャンパンなどの高額商品に慣れているので、それくらいの価格でも違和感なく受け入れるからだ。

これは富裕層向けの飲食店の事例だが、ここまでではなくても、高額メニューを上手に開発、宣伝すれば平均単価をあげることもできるので、飲食店に限らず狙い目の方法だと思う。

お客さんの限られた時間を奪うためには、選ばれる理由を打ち出すことが必要だ。「おいしさ」といったクオリティは大前提だが、「おもしろさ」や「ブランディング」なども取り入れて、選ばれるように工夫しよう。

第2章

「世界観」と「体験」で稼ぐ

繁盛する飲食店と生き残る人材

「世界観」や「体験」を伝えられたら勝ち

お客さんは「世界観」や「体験」にハマれば通い続けてくれるものだ。

そういう感覚で飲食店を経営している人はほとんどいない気がする。

飲食店の予約台帳サービス「トレタ」の代表、中村仁さんと対談したときに、「フェアトレードが売り文句になる時代はすごい」といっていた。

「フェアトレード」とは、「開発途上国の原料や製品を適正な価格で継続的に購入する取引」のことだ。

簡潔にいえば「搾取しない公正な取引」だが、お客さん側に直接的なメリットはない。むしろ、少し割高になってしまう。それなのに、「どうせコーヒーを飲むなら、フェアトレードの豆を使っている店に行こう」と思えるのは、まさに「世界観」に共感しているからだろう。

世界観を認知してもらったら勝ちだ。ただし簡単には伝わらない。伝えるための有効な手段のひとつが「体験」してもらうことだ。

『WAGYUMAFIA』もまさに「体験」してもらうことを重視している。

カツサンドを2万円にしたのも、中途半端な価格設定よりも高価なほうが1度は体験したくなるだろうと計算したからだ。必ずしも１人で払う必要はなくて、「割り勘で１人５０００円なら食べてみよう」というケースも少なくないと考えた。

さらに、独自のポーズもプラスした。「行ってらっしゃい！」と声を張りながらにらみつけるように牛肉を差し出すポーズだ。試しながら最適化したものだが、エンターテインメント性をプラスすることで、他にはない体験や世界観を強調したのだ。

ちなみに、外国人には「行ってらっしゃい」を「ＥＡＴ－ｎ－ＳＨＯＵＴ（イートゥンシャウト）」だと説明している。語呂合わせだが、覚えやすくして世界中に広めてもらうためだ。

一緒にポーズを決めて撮影するお客さんも多く、それも体験となっている。

そして、体験するとシェアしたくなる時代だ。「インスタグラム」に投稿してくれる人が増え、それがかなりの集客につながっている。

お店からの投稿も「インスタグラム」の「ストーリーズ」に注力。タグづけやシェアによって拡散してくれる人が多いので、広告宣伝費を掛ける必要がなくなった。とくに外国人は95％が「インスタグラム」を見て体験しにきてくれているのだ。

エンタメおしゃれパン屋『小麦の奴隷』の名物「ザックザクカレーパン」も、そのインパクトのある見た目はインスタ映えするし、「すごい食感のカレーパンを食べたんだ」と誰かに伝えたくなる。見たら思わず体験したく（食べたく）なるだろう。

他にも「上手に世界観を伝えている」お手本を挙げるとしたら、とんこつラーメンの『一蘭』が最初に思い浮かぶ。

ひとりずつ仕切られた席の目の前に暖簾があり、そこには蘊蓄が書いてある。仕切りがあるだけに、他にすることがなくて思わず読んでしまうのだ。スマホがなかった時代ならなおさらだろう。すごいラーメンなんだということがインプットされると、それだけで味が1・5倍おいしく感じられるはずだ。

もしかしたら最初は引いてしまうかもしれないが、それくらいのほうが独自の世界観は伝わると思う。他にはない世界観が伝わってこそ選んで通ってくれるのだ。

『一蘭』は他にも独特な「体験」ができる。

仕切られていることはすでに説明した通りで「元祖ソーシャルディスタンス」ともいわれているが、実は味わうことに集中できるスペースにもなっているのだ。しかも周囲の目が気にならないため、女性や有名人でも食べやすい。

替え玉の注文システムも独特で、プレートをテーブル奥のボタンに乗せるだけ。チャルメラが鳴ってスタッフがすぐに来てくれるようになっていて、声を出さずに済むので、これも女性に喜ばれているそうだ。

飲食に限らず、独自の「世界観」や「体験」を生み出して認知してもらえれば勝ちだ。使い続けてもらうための強力なフックになる。

多くの飲食店はひとりのシェフに依存しすぎ

飲食店経営の最大の問題は、作り手の「エゴ」だと思う。

ひとりの絶対的なシェフがいて、そのシェフが自分の作りたいものを作ってしまいがちなので、そうならないメニュー構成にすることが大切だ。

シェフが料理にいくらこだわっていても、「顕在化された需要」に応えるようなメニューでないと、飲食店は長続きしない。

もしもシェフがすべてのお客さんにこだわりを丁寧に説明することができれば、「潜在的な需要」を掘り起こせるかもしれないが、現実的にはなかなか難しい。スケールさせることも難しいだろう。

飲食店を続けるためには、お客さんが「望んでいることに応える」だけでいい。

簡単そうに聞こえるかもしれないが、それを実践できているところが少ないのだ。

古い業界ほど昔からの風習を守り、お客さんからの「要望が変化している」にもかかわらず固執しがちだ。そもそも無頓着で変化に気づいていないことも多い。

料理や味だけでなく、最近は「インスタ映え」も望まれている。

人気がある店というのは、お客さんのそういう「ニーズに応えられている」ところが多いと分析している。

逆にいえば、お客さんが望んでいることに応えるだけで、他店を出し抜ける。

だから僕から見ると、飲食業界は「ブルーオーシャン」だ。

レッドオーシャンに見えるが、競争が厳しいところで勝負をしてしまっているだけなのだ。飲食業界だけでなく、美容業界などにも同じようなことがいえる。

ひとりのスタッフに依存しすぎてしまう弊害は他にもある。

他のスタッフが辞めていってしまうのだ。

マッサージ店で考えるとわかりやすいだろう。技術の高い人や相性のよい人に施術してほしいので、指名制が当たり前になっている。

指名が報酬にも反映されるので、指名されない人はセラピストを辞めてしまうか、独立してしまう。

ひとりへの依存度が高いほど、お店としてはサステナブルではないのだ。

以前、マッサージ店を１００店舗くらい経営している人と話したことがあるのだが、「どうしてそんなに多店舗展開できるんですか？」と質問したら、「従業員への還元率を高くしているからです」と教えてくれた。７割を還元しているから辞めないのだ。それ以上をお店側で取ったら、指名の多いスタッフほど独立するだろう。

だから『ＷＡＧＹＵＭＡＦＩＡ』では「シェフへの依存」を抑えている。

素材とハードはしっかりしたクオリティを確保しつつ、ジャンルをＢ級メニューにして種類もあまりない。料理を出す際の「行ってらっしゃい！」といったパフォーマンスも定型化している。

個人のシェフが関与する要素をかなり少なくしているのだ。

それに『ＷＡＧＹＵＭＡＦＩＡ』から独立してもけっして同じことはできない。同じレベルの肉を仕入れることはできないし、同じようなクオリティの設備投資も難しいからだ。だからこそ、長く働いてもらえる。

ひとりのシェフへの依存度を抑えて、サステナブルなお店を目指してほしい。

スタッフの「スター化」を「仕組み化」する

日本は少子化が進んでいるので、働ける人の供給量は減り続ける。

移民を活用すればいいという意見もあるが、移民も来なくなるだろう。

たとえば、今はカンボジア人がけっこう来ているが、自国の経済が成長しているので、そのうち日本に来る必要はなくなってくる。

タイのバンコクのほうが伸び盛りなので、近い国が選ばれるようにもなるだろう。もう2～3年でほとんど「移民は来なくなる」と思う。人が足りなくなるのだ。

僕は北海道でレストランをプロデュースしているが、まさに人がいない状況を体験している。同じことが都市部でも起こるだろう。

お店はキャッシュレスやオートメーションで「無人化」するしかない。

ただし、お客さんへの対応は人が担当するのがベストだ。

厨房などのバックヤードは無人化しても、人とのコミュニケーションは人がやったほうが臨機応変に対応できる。

そのための従業員を確保するのに必要なのは、結局のところ「給料」と「モチベーション」に尽きる。

そして、それなりの「給料」を支払うためには、まず儲けなければならない。だからといって、売上のために安易な安売りは絶対にしないほうがいい。利益が出ないし、従業員やサプライヤーが割を食うだけで、誰も得しないからだ。

従業員などがＳＮＳで自由に発信できる時代にもマッチしていない。２９８円で焼き鳥を提供できるのは何かがおかしい。しかも営業は深夜まで。スタッフのメンタルヘルスはかなり厳しいのではないだろうか。

いずれにしても、きちんとした賃金を支払える利益が確保できないのなら、サステナブルなビジネスではない。

従業員の「モチベーション」も重要だ。

『ＷＡＧＹＵＭＡＦＩＡ』ではスタッフの満足度を高めるために、スタッフ全員がタレントになることを「仕組み化」している。

「行ってらっしゃい！」というパフォーマンスでショーアップしているので、お客さんに注目されて、ＳＮＳにもアップされ、自動的にスターになっていくのだ。

スタッフは給料だけのために働いているわけではないから、そこそこの給料に加え、スターになれる状況を作ることができれば、いい人材が確保できるはずだ。

実は僕は音楽業界をベンチマークにしている。

音楽はデータ量が少ないので、常に先端の技術革新にさらされてきたからだ。その音楽業界のキーワードは「ライブ」と「キュレーション」だ。食の世界も確実にそこに向かっている。

飲食店などに落とし込むには、さらに3つのポイントに細分化できると考えている。「コミュニケーション」「キュレーション・アウトソーシング」「自動化」だ。今はそれぞれの業態を企画している。

実は『WAGYUMAFIA』は高級な「コミュニケーションビジネス」だ。だからこそ、あえて宗教的なポーズを取り入れたり、インスタグラムを活用したりして、スタッフを「スター化」している。それと同時に、「お客さんの参加意識」が高まるように意識しているのもポイントだ。

コミュニケーションビジネスの今後の展開としては寿司屋を考えていて、フロントに立つのは役者がいいと思っている。

豊洲に仕入れに行ったり、仕込みをしたりといった作業はお客さんからは見えない。見えているのは、魚を切ったり握ったりする姿だけだ。そうした所作なら役者のほうがうまいはずだ。

極論をいえば、渡辺謙さんがいい声で寿司を出してくれたら、それだけで圧倒されるだろう。

最初はバカにされるかもしれないが、実際に体験したら人に話したくなるだろうし、人にすすめたくなるはずだ。

飲食店などの運営を行う、「トランジットジェネラルオフィス」の代表、中村貞裕さんがいっていたのだが、「マッチョバー」というイベントが行われていたそうだ。マッチョな男性がタンクトップ姿で「イエ〜イ！」とレモンサワーを絞っているところをスマホで撮影してもＯＫで、かなり盛りあがっていたらしい。

そうやって従業員を「スター化」しないと、これからは従業員が集まらなくなるだろう。仮に集まったとしても、長続きはしないはずだ。

スタッフを「スター化」してモチベーションを高めれば、いい人材が確保できる。


『WAGYUMAFIA』の宣伝方法はインスタグラムのみ

ＳＮＳによって宣伝方法はガラリと変わった。

それ以前の時代では、居酒屋では「格安チェーン」のような業態が強かった。駅前の一等地に店舗があって、誰でも知っているブランドで、ある程度おいしいことがわかっているようなチェーン店をみんなが選んでいたからだ。他にはあまり選択肢がなかったので、便利な場所にあって安心できるお店に行っていたのだ。

ただし、SNSが普及して「知る人ぞ知る店」のほうが人気になった。誰もが知っている店よりも、SNSで誰かがおすすめしていたり、「食べログ」の点数が高いような店を選ぶようになっている。

つまり、知人やフォローしている人、グルメサイトなどの評価をチェックして、それをもとに行きたい店にピンポイントで行くようになっているのだ。

『WAGYUMAFIA』のカツサンド屋『ワギュウマフィア・ザ・カツレツ・サンドイッチ（WAGYUMAFIA THE CUTLET SANDWICH）』も宣伝方法はSNSだけだ。そのなかでも「インスタグラム」の「ストーリーズ」だけに注力した一本足打法が成功している。

最初は仮説を立てた。「2万円のカツサンドがあったら、日本を訪れる外国人がおもしろがって食べてくれるだろう」と考えたのだ。

でも、始めからうまくいったわけではない。

神戸ビーフのシャトーブリアンを使ったカツサンドなので、２万円でもけっして高くはない。原価率は40％くらいなので、利益率は他の飲食とそう変わらない計算だ。ただし、単価で考えると高い。そのためか、最初はやっぱり売れなかった。

でも、１年くらい経ったら人気が出ていた。経済的に余裕のある外国人が、「日本に１箱２万円のカツサンドがあったぞ～」「２万円のサンドウィッチ食べてみた！」といった感じで、インスタに投稿してくれて認知度が高まったからだ。

それなりの富裕層なら、知り合いから「世界一高いカツサンドを食べた！」と自慢されたら、「自分も食べたい」と思って当然だろう。

インスタに注力することで投稿やタグづけが増え、さらにうまく回り始めた。投稿してくれている人のなかには、フォロワーが多くてインフルエンサーと呼ばれる人もいたが、ほとんどが一般の人だった。フォロワー数が多い少ないにかかわらず拡散につながったのだ。

高級飲食やラグジュアリー商品の宣伝はとくに、フォロワーの数よりも質のほうが大事なのだと思う。

富裕層の知り合いには同じようなクラスターの人が多い。だからこそ高価なカツサンドに興味を持ってくれて、実際に買ってくれたのだ。

数よりも質を重視して丁寧に拡げていくほうが、結果的には効率もよいだろう。

SNSを使ったマーケティングとなると、フォロワーの多いインフルエンサーに情報を広めてもらおうと考える人が多いが、それだけではないということだ。

もしかしたら、マイクロインフルエンサーマーケティングやUGC（ユーザーが生成するコンテンツ）を意識したマーケティングをすでに取り入れて宣伝などを行っているかもしれない。

ただし安易に取り入れてもうまくはいかないだろう。それぞれのお店、商品やサービスによって適したやり方は異なるはずだ。

まずは仮説を立てながら実際にやってみるのがおすすめだ。そこまで費用や手間を掛けなくても、いろいろと試してみれば効果のある方法はきっと見つかる。


安易な「口コミ」の演出はもう終わっている

飲食店に限った話ではあるが、広告を使ったプロモーションはもう終わっている。

そういうと、「口コミが大切ですか？」と聞かれることがあるが、「口コミ」という呼び方も違和感がある。ＳＮＳではもっと違う広がり方をしているからだ。『立川マシマシ』の代表取締役社長、大川弘一さんが「企業が仕掛ける口コミっぽい見せ方は、最後の最後で目が笑ってなくて寒い」といっていたが、まさにその通りだと思う。

本人が感動して発信した情報には熱があって、それを真似することはできない。ずっといっているのであえて名前を出すが、「ホットペッパーグルメ」は本当に不要だと思う。

使っている飲食店に使っている理由を聞くと、「隣の店もやっていますから」「前の店でもやっていましたから」といった答えが返ってくるが、どうしてもっと自分で知恵を絞らないのだろうか。

リクルートのサービスに支払うお金はいわば「リクルート税」。本来は払わなくてもいいお金だと思っている。

利益を持っていかれないようにするためには、自分で工夫しなければならない。待っているだけではなく、自分で動くことが大切だ。

いちばん効果的なのは、「プッシュしまくる」こと。

「今日はどこに食べに行こうかな」と悩んでいるときに「うちに来てください！」と連絡が来たら、少なくても思い出してはくれる。来店の可能性もあがるだろう。

単にそういうゲームだと思えばいい。嫌がられない範囲でプッシュしまくれば、その積み重ねで結果は変わってくるはずだ。

『ＷＡＧＹＵＭＡＦＩＡ』は高級業態なので、1日のお客さんは20人くらい。顧客のプールはせいぜい１０００人くらいだ。

その１０００人に対して少しカスタマイズしつつ連絡することくらいは難しい作業ではない。時間もそこまで掛からない。だったらやるべきなのに、なぜかやらない人が多すぎる。

試しに今すぐにでもプッシュしてみてはどうだろうか？　そして、ひとりでも反応してくれたら続けてみるべきだ。

単価を高くして「価値」を認知させる

メニューの値段はどうやって決めているだろうか？

料理人や職人の世界は、「原価から価格を決める」のが絶対的なルールのようになっている。食材の原価に他のコストを加え、最後に利益を乗せて……という具合だ。ただし、それでは利益を伸ばすのは難しいだろう。

原価からの「積みあげ方式」の他にも、値段が安くなっている例はある。たとえば日本酒は、安酒の普及で価格が安止まりしてしまっている。工業用アルコールを大量に添付した普通酒と呼ばれる低品質のお酒が酔うためにたくさん飲まれてきたので、それが「日本酒の地位を引き下げてきた」のだ。

そんな状況を変えたいと思い、HIUでは日本酒を造っている。田植え、稲刈り、仕込みといったすべての工程に会員が携わって自分たちで日本酒を造っているのだ。

2018年には、われわれの日本酒が「IWC（インターナショナル・ワイン・チャレンジ）」のSAKE部門、純米大吟醸の部でシルバーメダルを受賞した（2020年も同シルバーメダルを受賞）。

賞を獲った「純米大吟醸　想定内」の価格は1万4300円。他と比べると高く感じるかもしれないが、適正な価格だと思っている。

最近の日本酒業界は著しく発展しているので、適正価格になっていくはずだ。

実は、お酒の分野では「高いのに売れている」成功例がいくつもある。

シャンパンは、単価が高いのに売れている商品の代表例だ。

750ミリリットルのボトルで原価が10ドルを超えることはないだろうが、それを100ユーロ以上で売っている。原価が10％以下でも売れるからこそ、ドン・ペリニヨンなどはビジネスとして成功できている。

広く受け入れられているし、疑問を持っている人もいないだろう。ドン・ペリニヨンは高い銘柄だからと納得して、10万円でも20万円でも払っているわけだ。

とくに高価なシャンパンは、ボトルを開けることが「体験として価値化」している。だからこそ、ブランドビジネスとして成り立っているのだ。

つまり「ブランド価値」さえあれば、価格を最初から決めることができる。

そうやって価値を高めていくのがビジネスだと思ったほうがいい。

ちなみに『小麦の奴隷』では、大阪の北新地にある住所、電話番号非公開の知る人ぞ知る完全紹介制のレストラン『Comptoir Feu（コントワール フー）』のシェフとのコラボレーションを実現させた。その名は「ゴールデンカレーパン」。フランスボルドーの上質な赤ワインとフォンドボーをベースに、静岡のプラチナオニオンをたっぷりと加え濃厚で香り高く仕上げたルーに、『小麦の奴隷』の地元、十勝のA5ランクの十勝和牛をゴロっと合わせ、さらには表面に豪華金粉をちりばめた。値段は1個5000円、限定50個のカレーパンは即完売になった。

これらは飲食業界に限ったことではない。どんな業界にも当てはまることだ。たとえばホテル業界も、ブランド価値を高めれば利益を高めることができる。クオリティが高いホテルはもっと値段を高くすべきだ。

その売上を再投資することで、「もっと魅力的な宿泊体験」をプロデュースできれば、他のホテルと差別化ができる。

鹿児島の『天空の森』というホテルは参考になる実例だ。

東京ドーム13個分の敷地にたった5棟のヴィラしかない高級リゾートなのだが、そのオーナーに「山ひとつ貸し切りで20万円は安すぎる。50万～100万円にすべきでしょ」といっていた。そうしたら本当に50万円になった。その結果、自分でも50万円を払うことになってしまったが、価値があるから喜んで支払った。

神楽坂の料亭が『〈TRUNK (HOUSE)〉』というブティックホテルに生まれ

変わったが、そこも同じく1泊50万円だ。1日1組限定なので、他にはないような独自のサービスが提供できるだろう。

こうしたホテルの例は、ブランド化を進めて「余裕のある人に高く買ってもらう」ビジネスモデルのよい例だ。原価から考える必要はないのだ。

原価の積みあげで価格を決めるということは、その中に自分たちの人件費も入れなければならない。

自分たちの人件費やサプライヤーへの支払いを節約してギリギリの価格を設定しても、利益を出していくためにはそのうちどこかで手を抜くしかなくなる。「悪循環」に陥るのがオチだ。

反対に『WAGYUMAFIA』では「好循環」が生まれている。いい肉をいい値段で仕入れ続けているので、常にいい肉を供給し続けてくれるのだ。

「あそこはいつも高い値段で買ってくれるから、品質のいいものを優先して出そう」と思うのは当然のことだろう。

ただし、最終的にお客さんに高い値段で買ってもらう必要がある。そこは努力するしかない。高い値段で買ってもらって利益を出し続ける「好循環なビジネス」を目指そう。

「定番メニューこそ差別化」できれば強い

飲食店が行く着くべきところは、毎日でも食べたくなるような飽きないメニューの開発だと思っている。

そういうと、うちには「定番メニュー」があると思うかもしれない。今でも十分な利益が出ているなら問題はないが、工夫の余地はないだろうか？

たとえば「サザエのつぼ焼き」は少しの手間でおいしくなる。

肝と貝柱の間に砂が残っていて食感が悪いのだが、そのまま焼いて提供する店がほとんどだ。砂抜きすればおいしくなるのに、これまでのやり方を続けている。思考停止しているのだろう。

「すき焼き」も改善できる。ほとんどの店では、食べる側が生卵を割ってかき混ぜる方式だ。それが当たり前なので、疑問を持つ人もいない。

でも、本当はもっとおいしい食べ方がある。『WAGYUMAFIA』では、すき焼き用の卵をエスプーマ（亜酸化窒素ガスを使ってムース状にする調理法）してから提供している。なめらかな食感が大好評だ。

こうした工夫は、そこまで手間は掛からないことが多い。だったら改善すべきだ。

「定番メニュー」にこそ、実はチャンスが潜んでいる。

どこのお店でも同じような方法で提供している定番だからこそ、手を加えて改善すれば、他とは違うメニューにできるのだ。

新しく「看板メニュー」を作ってオリジナルの定番にするのもおすすめだ。

たとえば僕は「和牛の塩辛」を開発したいと思っている。

きっかけは「鶏の醤油」と「鶏レバーの塩辛」。焼き鳥店で食べて感動するほどおいしかったので、それを和牛でやりたいと考えたからだ。

和牛のレバーは低温調理で殺菌したものを使い、筋などを塩漬けにした贅沢な和牛醤油も作りたい。

実は以前、ある和牛レストランに打診したこともあるが、「コストが掛かりすぎて売り物にならない」と断られた。

コストが高いなら値段も高くすればいいだけの話だ。近いうちに作りたいと思っていて、僕自身がいちばん楽しみにしている。

おいしいのは大前提だが、その上で少しでも個性のあるメニューを生み出すことができれば、多少は単価が高くても看板メニューになりえる。選ばれるようなクオリティにすればいいだけだ。

だとしたら、どの店にとってもチャレンジしない理由はないだろう。

何も飲食ビジネスに限ったことではない。商品やサービスの競合が多いビジネス、古くからの定番がある業界こそ、ちょっとしたアイデアを実現するだけで差別化することができる。

アイデアを試して、他にはない定番商品を生み出そう。

地域のハブを作って「町の再生」をしていきたい

近いうちに仕掛けたいプロジェクトは「町の再生」だ。

最終的には町全体の不動産価値を底あげできればと考えている。

東京の代官山や大阪の堀江、ニューヨークのブルックリンなどは、再生によって地価がアップした好例だ。

たとえば代官山は、古い民家などを何十軒も借り、裏原宿からアパレルショップを引っ張ってきて、1階を安く貸したのが変化の始まりだ。

その結果、裏原系ブランドが好きな人が集まるようになって「代官山はおしゃれ」という街のイメージが定着したのだ。

地価も上昇するので、予め購入しておいた物件を転売したりすれば、十分に儲けることもできる。

そうしたビジネスモデルとは異なるが、カフェや本屋を使って町を活気づけたいとも考えている。

「トランジットジェネラルオフィス」の代表、中村貞裕さんがいっていたのだが、今もっとも伸びているのが「キャラカフェ」だそうだ。

キャラカフェとは、「セーラームーンカフェ」「名探偵コナンカフェ」「おそ松くんカフェ」、2・5次元ミュージカルのカフェといったように、キャラクターとコラボしたカフェのことだ。

そういうキャラカフェは立地が少し不便でも、ファンが通ってくれる。「ファンの聖地」のようになるわけだ。

その話を聞いて、文化人でも応用できると考えた。むしろ「文化人カフェ」のほうが客単価は高いはずだ。

僕は15年くらい前から『ＳＰＢＳ』というおしゃれな本屋の経営にかかわっている。「奥渋（奥渋谷）」文化を生み出した中心的なお店だ。

その書店の奥は、あるタイミングから「シェアオフィス」として貸し出した。今のようにシェアオフィスが根づく前に始めていたのだ。

さらに「雑貨の販売」もしている。アクセサリーや香水、小物などを扱っているのだ。たとえるならハイソな『ヴィレッジヴァンガード』。リサイクルのバッグブランド「フライターグ」を日本で初めて販売したのも『ＳＰＢＳ』だ。

また、「レンタルボックス」も始めた。借りた人が手作りのアクセサリーなどを置いて販売できるようにしたのだ。

営業前の朝の時間帯は雑誌メディアなどの「撮影場所」として貸し出した。知的な場所で撮影したいニーズがあったのでかなり利用してもらえた。

さらに「セミナー」も開催した。文化人を呼んで、自著の出版記念の講演会やサイン会などもやっている。

今でこそ下北沢の『Ｂ＆Ｂ』なども有名だが、『ＳＰＢＳ』は書店でセミナーを開催するパイオニア的な存在なのだ。

何がいいたいかというと、『SPBS』で培った業態のノウハウを生かせば、「文化人カフェ」はすぐにできるということだ。

まずは自分でやろうと思っている。自分の著作はもちろん、関連グッズや痕跡本などを売ったら人が集まるのではないか。

その先の展開として、雑居ビルをまるごと文化人カフェにしたいとも思っている。フロアごとにいろんな文化人のカフェやコンセプトスペースがあるイメージだ。それぞれに集客力があれば、確実に人の流れが生まれる。

人が集まれば、町の再生につながるはずだ。

実は北海道の大樹町では、すでに再生にかかわり始めている。居酒屋『蝦夷マルシェ』に加え、『小麦の奴隷』というパン屋も作った。とくにパン屋はおもしろい展開になると予想している。

地方におしゃれなパン屋があると、パン好きは必ず通う。そこから人の流れができて、パン屋は地域のハブになる。

パン屋の横に本屋があってもいいかもしれない。食と本というふたつのカルチャーをミックスしたらおもしろそうだ。

これからは、町の再生をどんどん仕掛けていきたい。

できることは「セルフ」でやってもらうのが究極形

飲食店の行き着くところは「料理をしなくてもいい」業態だと思っている。料理は工場でやればいいからだ。

そう考えているのは僕だけではなくて、『ロイヤルホスト』の実験店舗でも店内では料理をしていないそうだ。店内では温めたりするだけにしているのだ。

僕としては、温めるのも「お客さんにやってもらえばいい」と思っている。簡単にできるような環境を整えれば、セルフサービスでも問題ないはずだ。

一般的な飲食店のコスト構造は決まっていて、原価率が30％、人件費が30％、家賃などの固定費やその他の経費が30％くらいで、利益は10％程度という感じだ。セルフサービスのお店なら、人件費の30％がほとんど掛からなくなる。それだけでかなりの利益が見込めるはずだ。

セルフのラーメン屋ができたら、かなりおもしろいと思う。

アメリカで『Ｒａｍｅｎ Ｈｅｒｏ』という冷凍ラーメンキットの配達サービスが始まったそうだ。そのニュースを見て『宅麺』（全国の人気&有名店のラーメン・つけ麺をお取り寄せできる通販サイト）。を思い出したのだが、そういったところと一緒に組むことができたらすぐにでもセルフサービスのラーメン屋はできるだろう。

コンビニのアイスが入っている冷凍庫に、全国のラーメン店のいろいろなラーメンを並べておくようなイメージだ。

外国人が日本に来た際に、全国を食べ歩きしなくても、その1店舗でさまざまなラーメンを楽しめるようになる。

好きなものを選んで、温めて、茹でて、湯切りして、盛りつけるところまでお客さんにやってもらいたい。作り方や盛りつけ例を液晶画面などで流しておけばわかりやすいだろう。

セルフでやってもらうことで、むしろ「エンターテインメント性のある体験」となるのもポイントだ。

完成したラーメンをキレイに撮影できるブースを用意したり、ラーメン屋のコスチュームをレンタルしたりしてもいいかもしれない。

予約はオンライン、決済はキャッシュレスにするのがこれからのスタンダードだ。

同じような発想で、「パック焼肉」もやりたいと考えている。

焼肉の『牛角』が「お店で肉をカットしない」というイノベーションを起こしたが、今ではチェーン店の焼肉屋は工場で切ってパックした肉を並べているだけだ。

肉の筋に沿って切るには相応のスキルが必要で、それができる人を雇うと人件費が高くなってしまう。しかし、工場でやってもらえばその費用が抑えられる。

バイトテロや食中毒のリスクも回避できるので、肉のカットは工場のほうがいい。

その延長で考えたのが、パックのまま並べる方式だ。

『成城石井』の高級ハムのようなパックに入れて、若手アーティストにイラストを描いてもらったら、いいデザインになるはずだ。

そもそも焼肉店は、お客さんが自分で肉を焼いている。ドリンクもセルフにすれば、スタッフはいらなくなる。

ただし、「肉ＤＪ」だけはほしい。「ハラミ入りました～」といった掛け声で店内を盛りあげる役だ。

僕はそういう店に行きたいし、そうしたコミュニケーションだけは人がやるべきだと思っている。

セルフサービスを活用した飲食店の実例として、北海道で『蝦夷マルシェ』というお取り寄せ居酒屋&スナックをプロデュースしている。

ビールやハイボールなどのドリンク類はすべて缶で提供していて、お客さんがセルフで取るシステムだ。

お酒が飲める飲食店の定番は生ビールサーバーだが、実のところ掃除やメンテナンスが大変だ。少しでも手を抜くとカビが発生するし、ビールを注ぐグラスを洗うのも手間が掛かる。夏場は冷やしておくのも一苦労だ。

その点、缶ビールなら手間はまったく掛からないし、在庫リスクも抑えられる。

さらに、缶の数が回転寿司のお皿のような役割を果たしてくれるので、カウントすれば簡単にお会計ができる。

お客さんにやれることはやってもらうセルフサービスはかなり可能性がある。その証拠に、食の世界に限らず、他の業種でもセルフサービスのお店が増えている。

いろいろと応用できるので、セルフサービスのお店を試してみてほしい。

スキルを追求しないことで「いい人材」が確保できる

いい人材を確保する方法はふたつあると考えている。

ひとつ目はすでに話した「タレント化」だ。

もうひとつは「スキルを追求されない環境」。機械に任せられるところは任せるようにすればいい。

働く人の絶対量は足りなくなってくるので、その意味でもいかに無人化するかが大切なポイントだ。お金のやり取りが必要のないキャッシュレス決済などをどんどん取り入れ、人がやらなくてもいい作業を削っていくべきだ。

作業が減れば、スタッフはお客さんとのコミュニケーションなどに力を入れることができるようになる。それがスタッフの「タレント化」につながり、モチベーションにもつながるはずだ。

お店のスタッフの作業を見直して成功したのが、公私ともに仲よくさせてもらっている西山知義さんだ。昨年、新業態の『BLUE STAR BURGER』をオープンしたのだが、すぐにミュージカル「クリスマスキャロル」の稽古場への差し入れとして使ってみた。

『BLUE STAR BURGER』はアプリで注文するテイクアウト専門店で、レジも無人だ。事前注文なので、店頭では受け取るだけだ。

レジの人件費が削減できるので、その分だけ価格が安く設定できる。原価率があげられるので、商品のクオリティが高くなり、それが顧客満足度にもつながる。『牛角』で行ったコストダウンの手法にITをミックスしたのだ。

西山さんは『牛角』の創業者でもあり、それで知っている人も多いだろう。『牛角』が成功したのも作業の効率化だ。

そもそも『牛角』以前の焼肉屋は高級飲食店だった。お会計でいくら取られるかわからず、お金に余裕のない若者はなかなか入りづらい業態だった。

そこに効率的なオペレーションを持ち込んだのが西山さんだ。

マクドナルドのバイトをしているときに感銘を受け、そのオペレーションを焼肉業態に取り入れ、ブラックボックスに手をつけたのだ。

当時の焼肉店は、塊肉を店で仕入れて、職人が磨いてカットしていた。その技術などがブラックボックス化していて、職人がギルド化（組合化）。労働コストの高止まりにつながっていたのだ。

そこで西山さんは、カットする作業を屠畜《とちく》工場に委託した。塊肉ではなく、カットしてもらった肉を真空パックにして、店舗に届くようにしたのだ。

その結果、店員の作業は、パックから出して並べるだけになった。

原価率は少しあがるが、労働コストを下げることに成功した。「スキルが不要」なので、バイトでも作業ができるようになったからだ。

人件費を下げることができたので、その分だけ「いい肉」を「安く提供」できるようになった。それこそ『牛角』が生み出した「ヒットの法則」だ。

今回のハンバーガー業態も基本原理は一緒だ。レジ回りやイートインに関するコストを下げ、アプリで予約ができるようにして回転率をあげている。

スタッフはハンバーガーを焼くことに集中できる。おそらくマクドナルドのようにオペレーションの最適化も行っているだろう。

効率化することで、スタッフにもお客さんにも喜ばれるお店になる。

真似されたほうが繁盛するお店の作り方

料理のプロが作った飲食店は「おいしい料理」さえ出せば繁盛すると思いがちだ。

でも、それは幻想だ。「おいしいのにうまくいっていない店」もあれば、「おいしくなくても繁盛している店」がある。繁盛している理由を探っていくことが大切だ。

そもそも最近は、まずい店なんてそうそうない。

しかも、おいしい料理を新しく生み出しても、すぐに調べられて真似されてしまう。レシピに著作権はないので、法律で保護されていないのだ。

さらにSNSが普及しているので、盛りつけや見栄えもすぐに盗まれてしまう。

IT業界はかなりのスピード感で模倣されるのが当たり前で、新しいサービスがヒットしたら、その日のうちにコピーサービスがどんどん出てきてしまう世界だ。

それに比べるとまだ少しタイムラグはあるが、飲食業界も模倣されるスピードがかなり速くなっている。

同じような業態の店ができるだけでなく、競合が隣に出店するのも珍しくない。

そして重要なのが、いちばん最初にその業態を始めたお店がうまくいくとは限らないということだ。

競合を出し抜くためには、差別化のポイントにどれだけリソースを割くかということがポイントになる。

だからこそ、圧倒的な資金力で業態を真似することができれば、それがオリジナルを凌駕してしまうのだ。

逆にいえば、初期費用でお金を掛けて内装から何から圧倒的なお店を作っておけば、むしろ真似されたほうがプラスになる。

これまでは業態を開発して新規のお客さんを集客するのが主流だったが、もはやそこでは差別化できなくなってしまった。

そこで「思想」や「世界観」が大切な次のフェイズに移行しているのだ。

表面的には業態や料理を真似できるかもしれないが、大切なのは「思想」や「世界観」だ。そこにお客さんが共感すると、何度も通ってくれる。

１回だけの新規のお客さんをグルメサイトでたくさん集める手法にはもはや限界がきている。共感してくれた一部のお客さんにたくさん来てもらうような戦略が必要になってきたのだ。

つまり、「関係性を長く続ける」ことが重要だということだ。

実は『ＷＡＧＹＵＭＡＦＩＡ』はまさにそういう状況だ。

ニッチな業態なのでけっして万人受けはしないが、一部の刺さった人がハマって何度も通ってくれている。

これは他の業界でいうと「サブスクリプション」に近い考え方で、「LTV」を重視する必要がある。

「LTV（エルティーブイ／ライフタイムバリュー」は「顧客生涯価値」とも呼ばれ、「ある顧客が取引の開始から終了までに購入した金額が合計どれくらいになるか」という指標だ。

差別化するには結局、そうしたマーケティングやブランディングの考え方も大事になるのだが、要するにお客さんとの信頼関係を築けるかどうかが重要ということだ。

積み重ねた関係性は、けっして真似することができない。

「世界観」から作り込んでお客さんに共感してもらえれば、「真似されない店」「真似されても繁盛する店」を作ることができる。

「バーチャル行列」を生むコンボで経営は安定する

常連さんになってもらうためには「最初に2～3回お店に来てもらう」ことが先決だ。

前述の飲食店の予約台帳サービス「トレタ」には、「常連化曲線」という概念がある。来店回数を重ねるほど再来店率が上昇するが、その上昇率は直線的ではなく、二次曲線を描くように、最初の2〜3回で急激に上昇する。

初めて来たお客さんのリピート率は10%程度だが、2回目に来たお客さんは32%程度、3回目は48%、4回目は58%、5回目は65%といった具合だ。そして、それ以降は7割以上のお客さんがリピートしてくれるようになる。

ポイントは最初に説明した通りで、「常連さんになってもらうにはまず3回来てもらう」ことが重要なのだ。

飲食店は集客を「ホットペッパーグルメ」に頼っているところが多いが、たいていは初回来店時のクーポンや割引が目当てのお客さんなので、2回目の来店につながる確率は平均よりも少ない傾向がある。

ヘアサロンやネイルサロンも「ホットペッパービューティー」を使っているお店が多いが、これも同じく新規の集客がメインだ。店舗の利益率向上にはむしろマイナスになっている。

クーポンが目的の新しいお客さんをたくさん集めるよりも、来てくれたお客さんへの対応をより丁寧にして、リピートしてもらうことが非常に大事だということだ。

常連さんになってもらうための戦略として「バーチャル行列」を作る手もある。

僕が考えた新しい概念で「行列ができているように見せること」ともいい換えられる。物理的な行列はなくても、「待っている人をプールする」ことで行列ができているのに近い状況を生み出し、人気があるとPRする作戦だ。

意識していないだけで、「バーチャル行列」を作っている人気店はけっこうある。

象徴的なのは、ドライヘッドスパの『悟空のきもち』だ。

運営会社の社長と対談したことがあるのだが、『悟空のきもち』には、現在60万人超のキャンセル待ちがいるそうだ。

人気の理由は施術などのクオリティもあるとは思うが、その状況を生み出している重要な要素は他にもあると分析している。

ポイントは「少人数制」→「予約ループ」→「バーチャル行列」のコンボだ。

そもそも『悟空のきもち』は日本に5店舗しかない。ニューヨークにも店舗があるが、あえて店舗を絞っている。

さらに各店舗もキャパは10人程度だろう。一度に施術できる数をあえて「少人数」

に抑えているのだ。

キャパが少ないと、予約が取りづらくなる。そして、常連さんは来店した際に優先して予約できるようになっている。予約が取りづらいので、常連さんのほとんどが次回の予約をしてくれる。これが「予約ループ」だ。

予約が常連さんで埋まってしまうと、新規のお客さんはさらに予約が取れなくなる。予約できないキャンセル待ちの人が増え、「バーチャル行列」が生まれる。

キャンセルが発生した場合は、キャンセル待ちリスト（＝「バーチャル行列」）にアナウンスすれば、瞬く間に予約が埋まるのだ。

いったんキャンセルしてしまうと「予約ループ」から抜けて次の予約が取りづらくなるので、そもそもキャンセルが発生しにくい。

ドタキャンが発生してもすぐに空いた枠は埋まるし、新しい常連さんを生み出すことにつながるので、ドタキャンが問題ではなくなる。

さらに、お客さんの数を絞っているので、サービスレベルの向上に力を入れることもできる。サービスが向上すればさらに人気が高まってさらなる好循環につながっていくだろう。

このコンボはかなり強力だ。

出だしのポイントは、数を絞ってサービスを向上させること。「常連化曲線」を意識して、一定数の常連さんがついてくれたら、「予約ループ」から「バーチャル行列」のコンボが活用できるようになる。

その状況になれば、確実に経営は安定する。

応用できる業態は多いので、ぜひ取り入れてみてほしい。

『一蘭』のすごいところは接客リスクがないところ

『一蘭』は味の他にもさまざまな工夫があってすばらしい。

相場より少し値段は高いものの、ラーメン自体もおいしいと思う。

でも、もっともすごいのは「接客リスク」がないところだ。意識するようになってから、「接客リスク」のない飲食店を探してみたが、ほとんどなかった。

それほど『一蘭』はすごいということだ。

まず、『一蘭』はお客さんから見えない内側でラーメンを作っている。アルバイトのスタッフが「笑顔」なのか「しかめっ面」なのかが見えない。つまり、「あの店員、感じ悪いな」と思われるリスクがほとんどない。

「いらっしゃいませ」は機械が率先していってくれる。ここでも、「スタッフが挨拶してくれなかった」「感じが悪い」といったクレームとは無縁ということだ。

ひとりひとりがブースで区切られていてお客さんが長居することはなく、それにまつわるトラブルもないだろう。

お客として初めて『一蘭』に入ったときは、オーダーシートを書く意味が正直わからなかった。でも、そうすることでオーダーミスがなくなると気づいた。

少し話は変わるが、『一蘭』では「セントラルキッチン」も導入している。

セントラルキッチンとは、複数の店舗の調理を集約する施設やシステムのことだ。規模のメリットでコストを下げることができ、味や品質のムラを防ぐことができるのがメリットだ。

ただし、とんこつラーメン屋の場合はデメリットも大きい。店舗で作っているからこそ、その様子や匂いがおいしそうに感じられて集客につながるのだ。

その集客効果がなくなってしまっているのに『一蘭』は人気なのだから、それ以上の魅力を提供できているということだ。

細かいところまで常識を疑い、必要のないものを削って効率を高めているので、収益性はかなり高くなっているはずだ。

10年くらい前に『一蘭』のアトレ上野店ができたときには１日で４０００食分くらい売りあげたそうだ。客単価も１０００円くらいと高め。単純計算で１月に１億円以上の売上だ。１店舗で立派な会社規模の売上だ。

徹底して考えられているので、『一蘭』の代表取締役社長である吉富学さんは日本のレイ・クロックだと思っている。

レイ・クロックはマクドナルドの創業者。フランチャイズ展開することで世界最大のファストフード店に育てた立役者だ。

マクドナルドは、１９４０年代に生まれた「オートメーション」を取り入れたのが画期的だった。自動車を生産するために「フォード」の工場で行われていたオートメーションを、ハンバーガーショップに応用したのだ。

スマホが普及し、キャッシュレス決済も広まってきた今なら、飲食のいろんな業態でオートメーションは応用できる。

スマホでオーダーできてセルフで提供すれば、ホールにスタッフはいらなくなる。

皿洗いと清掃が外注できれば、ワンオペで店舗を回すこともできるだろう。

常識を疑い、オートメーションなどの工夫を取り入れれば、ラーメンやハンバーガーでなくてもライバルを出し抜くことは可能だ。


最強のお店は、会いたいママがいる「スナック」


「人」にフォーカスしたスナックが最強の飲食店ではないかと思っている。

「トレタ」の代表、中村仁さんと対談した際に、僕が「スナックは最強」だと思う前提をわかりやすく解説してくれた。

今までの飲食店は「料理」「人」「場」の3つの要素が渾然一体となって構成されていた。それがテクノロジーによってアンバンドル（分割）されて、個別に解体されるようになってきた。

つまり、料理はデリバリーで頼めるし、シェフも手軽に呼べるし、場所も簡単に借りられるようになったのだ。

そうなると、飲食店の競合はもはや飲食店だけではない。さまざまなサービスとの戦いになっている。従来の考え方で思考停止しては、勝ち残ることはできない。

「何で勝負するのか」「どんな価値を提供するのか」といったことをより明確にする必要があるのだ。

それはつまり、何にフォーカスして、何を妥協するかということでもある。

そこでおすすめしたいのが「人」にフォーカスして勝負するやり方だ。

僕はこう見えても、実は人見知りだ。

すぐに打ち解けたりはしないし、そもそもあまり人と仲よくならない。初めて会う人とは距離を置いてしまうのだ。

だからこそ、仲よくなった人とはちゃんと仲よくする。

それはお店も同様で、通うお店は限られているし、そのお店も仲のいい人に会いに行くという感覚が強い。

そんな感じで「この人に会いたいからまた行きたい」と思わせるのがスナック的なコミュニケーションだ。

実はスナックは業態としてはかなり研ぎ澄まされていて、食事は簡単に用意できる乾き物だけだ。

他にカラオケとお酒があるだけ。アルコール類も酒屋と在庫を共有していて、足りないものを勝手に持ってきてもらって伝票を切るという方式だ。

だからこそ、人と人とのコミュニケーションが中心になっている。

ママと常連さんには信頼関係があり、ママがひとりで切り盛りしているようなスナックでは、お客さんがスタッフのように手伝っていることも珍しくない。

常連さんが「ママ、これ片づけとくよ」とグラスを下げたり、キープしていたボトルで勝手にお酒を作ったりしているのだ。

それを突き詰めていくと、スタッフを雇わなくてもいい飲食店ができるのではないかと考えている。

スナックで提供する料理をすべてコンビニで調達すれば、格安業態へ進化させることも可能だろう。最近はコンビニの冷凍食品がおいしいから、ちょっと手を加えれば十分においしい料理になる。

さらにいえば、料理もおつまみも置かず、持ち込みのみにしてもいい。

そんなスナックをコンビニ横に作れば、コンビニで買ってそのまま持ち込める。

持ち込み料を５００円くらいに設定しても、お店にいるうちにいろいろ追加でお酒などを頼んでしまうので、結果的に客単価はあがるはずだ。

シャンパンなんかを置いて記念日に対応すれば、さらなる売上も望める。

コンビニの横でないなら、ホテルの隣か中でもいい。部屋飲み感覚で利用できるからだ。『ドーミーイン』が今すぐやるべきビジネスは「スナック」で間違いない。

「人」が中心のスナック的な飲食店は、今後ますます求められるようになる。

現状のスナックでも研ぎ澄まされているが、さらなるアップデートを加えることで、「無敵」のスナックを生み出したい。

第3章

生き残るための起業、挑戦、リスタート

「将来」のビジョンなんかよりも「今」のほうが大切

10分後に何が起きるかなんて、まったくわからない。

未来を予測するのは占いでしかないと思っている。

株式チャートのローソク足を眺めたり、優良企業を見つけたりして「この株はあがりそう」と予測したとする。でもリーマンショックが起きれば株価は下がるのだ。

今回のコロナ禍もそうだ。予想することができなかったからこそ、これだけの事態になってしまった。

つまり、未来はわからないから予測しても意味がない。目標も意味がない。

ビジョンや到達点を目指して、ひとつずつ目の前の目標をクリアしていくといった思考も僕にはゼロだ。それによって、より高いところに行けるとは思わない。

何が起きてもいいように、臨機応変に動ける力を身につけることのほうが大切だ。

たとえば「ＹｏｕＴｕｂｅ」も、チャンネル登録者数の目標を立てたり、ＫＰＩを立てたりはしていない。

そのときそのときの最適解を求めて、いろいろなことを試し続けたら、その蓄積で突然バズり始めただけだ。

もちろん、自分なりの課題はある。今は「和牛」と「ロケット」で「世界展開」をしたいと考えている。ただし、そこに「時間軸はない」。

ビジョンを語っているように思えるかもしれないが、僕にとっては「今」なのだ。

今すぐできるなら「すぐにでも」達成したいと思っている。

「ビジョンを掲げれば、逃げられなくなってやり切ることができる」という人もいるが、それはぜんぜん違う。別に逃げたくなったら逃げればいい。

カルロス・ゴーンを見ていて思ったが、結局、逃げてでも「生き残った者が勝ち」だ。生きていれば、何もかも上書きすることができる。

だから僕は、生き残りたい。幸せで健康に生きたいと思っている。

世の中におもねってビジョンを掲げると、自分にストレスが掛かっていいことはない。ストレスは体にもっとも悪い影響を与えるので、できる限り避けて快適に生きることが重要だ。

「ライブドア」時代から学んだことは、焦らなくてもいいということだ。

「時間は大切」なので「今の価値の最大化」に向けて突っ走っていたのだ。

でも、急いだところで大して結果は変わらない。だったら、焦るメリットはない。

焦ってストレスを感じたり、今をロスしたりするデメリットのほうが大きい。

「アップル」の創業者、スティーブ・ジョブズが2005年にスタンフォード大学の卒業式で行った有名なスピーチ「Connecting the dots（コネクティング・ザ・ドッツ）」はご存知だろうか？

知っていても、内容を誤解している人が意外と多い。

というのも、「今やっていることは将来、〝コネクティング・ザ・ドッツ〟のドットになって役に立つのでしょうか」といった質問がよく届くからだ。

実は「将来に役立つか」と考えること自体が誤解だ。

ジョブズはスピーチの最後で「Stay hungry, stay foolish」ともいっている。意訳するなら、「ハングリーであり続けろ。馬鹿げたことを続けられる人間であってほしい。それこそが成功への近道だ」といった意味合いだろう。

実は、「Connecting the dots」と「Stay hungry, stay foolish」はつながっている。セットで理解すべき表現なのだ。

ジョブズはリード大学を中退しているが、中退したあとも大学の授業に潜り込んでいた。熱中して勉強したことのひとつが「カリグラフィー（西洋書道）」だ。

実はこれが将来、「マッキントッシュ」を作るとき影響したといわれている。

それまでのコンピューターの文字は、文字が等幅のビットマップフォントだった。ドットの組み合わせなのでギザギザしているのに加え、「A」も「I」も横幅が一緒で見た目がよくなかったが、技術者たちは意味が通じればいいと考えていた。

しかしジョブズはカリグラフィーを学んでいたので、「こんな文字は美しくない」といって譲らなかった。

文字によって幅が異なるプロポーショナルフォントを採用しつつ、線がなめらかなアウトラインフォントも作り出したのだ。

ジョブズはスピーチで、将来に役立つかどうかではなく、そのときに何かにのめり込むことが大切だといいたかったに違いない。のめり込んで獲得したものこそ、あとになって結果的に役立つということだ。

僕も近畿大学の卒業式でスピーチをしたことがある。

スピーチの最後に「過去にとらわれず、未来を恐れず、今を生きろ」と伝えた。

未来のことなんか考えずに、今に集中することが大切だと思っているからだ。

「将来」のビジョンよりも、「今」に集中して何かにのめり込もう。

「恥」をかいた分だけ「自由」になれる

「自意識」が邪魔をして新しいことにトライできない人はけっこう多い。

僕がプロデュースしている舞台「クリスマスキャロル」には著名人が出るゲスト枠があるのだが、依頼しても断られることが多い。

たかが4小節を歌うだけなのに、ミュージカルで演じることが恥ずかしいそうだ。

恥ずかしいことに挑戦しないのはもったいない。「恥をかいた分だけ自由になれる」と考えていろいろなことに挑戦すべきだ。

自意識が捨てられない人はたいてい「自分がいないところでいろいろいわれるに違いない」と勝手に決めつけすぎだ。

実際は、人は意外と「他人の失敗」なんて思い出さない。他人の失敗より「自分の失敗」を思い出すのに必死だからだ。

そうはいっても、人間は本能的に周りの目を気にする生き物なので、仕方ない部分はある。

だからこそ、「気にすることは意味がない」を実感するしかないと思う。

実は僕も、小学生のときに恥ずかしい思いをしたことがある。

しかも、恥ずかしい事件が続いて、7〜8年はかなりトラウマだった。でも大人になってからそのことを話したら、誰も覚えていなかった。自分からあえて話題にしても笑い話で終わってしまった。

そこでようやく、「自意識は妄想」という真理に気づいたのだ。

「クリスマスキャロル」はもう10年近く続けているが、最初は「ニコニコ動画」の企画としてオファーがあったからやってみただけだった。

でも、千秋楽を終えたときにすごい達成感が得られた。

ウェブのサービスは、うまくいっている限り終わりがない。でも演劇は、成功していても終わりがくる。だからこそ、達成感がすごかった。

今は、演じることの楽しさを誰もが経験できるようにしたいと考えている。「演劇をカラオケ化」したいのだ。カラオケで誰もが「歌う」ことができるようになった。

それと同じように、演技を民主化して誰もが「演じる」ことができるようになれば、その楽しさを誰もが体験できるだろう。

挑戦することで、新しい体験や可能性に出会えるはずだ。

だから、やらない理由をゴチャゴチャいってる時間があったら、とりあえず「恥」をかいてみてほしい。

恥をかきそうな行動を避け続けていると、自意識が妄想ということにいつまでも気づけない。

早く恥をかいて、自由になろう。

「行動力」が価値になる時代

自分のキャリアを考えるときには、大きな枠組みで考える必要がある。

人の生き方はどうなっていくのか、企業のあり方はどうなっていくのか、国のあり方はどうなっていくのか。

そういうことを自分なりに考えて、「最適解」を選べばいいだけだ。

テストの「論述問題」に答えるように、自分の答えを見つけてみよう。

ちなみに僕は最初から「就職」というオプションは捨てていた。

なぜなら、会社勤めをしても「給料があがらない」とわかっていたからだ。

「人口ピラミッド」を見れば一目瞭然だが、少子化が進んで人口が減っていくので、高齢者を支える働き手は少なくなる。

そうなれば、自分たちの世代は出世しても大して給料はもらえないと考えたのだ。

そして、「インターネット」は必ず今のように発展するとわかっていたので、その分野で起業したのだ。

せっかくなので、先ほどの「論述問題」のヒントになるような補助線を引こう。

今後のキャリアを考える上でキーワードになるのは「情報の民主化」だと思う。

ネット、スマホ、ブロードバンドの普及によって、どこにいようが誰だろうが、ほぼ平等にすべての情報にアクセスできるようになった。

誰もが情報を得られる時代で人と差をつけるなら、「行動力」しかない。それだけが価値になったのだ。

だから、やってみればいい。まさにナイキの「ＪＵＳＴ ＤＯ ＩＴ」だ。

成功する確率が１００％でなくても、80％を超えるなら絶対にやってみるべきだ。

成功率が50％だとしても、２回に１回は成功するということ。だったら、試しにやればいいだけのことだ。

たとえ失敗したとしても、大きなダメージはない。

受けるダメージは2種類あって、「金銭的ダメージ」と「精神的ダメージ」にわけられる。

「精神的ダメージ」を打ち消す方法は簡単で、「自分の失敗なんて誰も知らない」という事実を把握することだ。

「失敗したら恥ずかしい」と思うかもしれないが、周りはそれほど気にしていないし、そもそも知らないことが多いのだ。

あとは自分が何をしたいか、何になりたいかだけだ。

動画「ホリエモンチャンネル」の制作チームでリーダーを任せているヨビノリたくみくんは東京大学大学院を卒業しているが、教育系のユーチューバーになった。

ライバルが少ない「教育系チャンネル」のなかでも、さらに競合がいない「大学生向け理系分野」(『予備校のノリで学ぶ「大学の数学・物理」』)だから勝てるという勝算もあったようで、その通りに成功している。

でも、週2日くらいしか働いていない。

「君の動画はよくできているし、理系の大学生がみんな見ているから、データベースを使って事業展開も考えられるよ」と提案したことがあるが、あっさりと断られた。

理由は「あんまり働きたくないんです」ということだった。

それでいいと思う。十分な収入があるから「これ以上あくせく働きたくない」というのもひとつの生き方だ。理想を体現していて非常にスマートだと思う。

人によって考え方や生き方は違っていい。

僕は常に新しいことをやりたくて、もっと働きたいから、そうしているだけだ。

周りがどう思うかは関係ない。きちんとセンターピンを狙えているかが重要だ。

学歴が高い人ほど「いったんコンサルティング会社に入って勉強しよう」と考える人が多いようだが、その時間がもったいない。

勉強したいなら教材はネット上にいくらでもある。それこそ「情報の民主化」だ。

しかも、若いうちに早く動いたほうが得することが多い。

注目される可能性は高まるし、年長者からかわいがってもらえるからだ。

若者に「将来どうなりたいか」と聞く人が多いし、将来なりたい人物像がある人も多いかもしれないが、そういう考え方は「害悪」だと思う。

「将来」といった時点で自分に「モラトリアム」を作ってしまうからだ。

やるべき答えを見つけて、すぐにでも行動しよう。

二元論ではなく「儲け」あってこその「ロマン」

「宇宙にロマンを感じているんですか?」と聞かれることが多い。

僕が投資しているロケット事業に興味を持ってもらえるのはいいのだが、そういった質問には正直、うんざりしている。

ビジネスをやる上で「ロマン」か「儲け」かの二元論で考えるのはナンセンスだ。資本主義の社会でビジネスを継続するなら、利益を出すのが原則だからだ。

ビジネスの世界では、金銭的に成功しなければ意味がない。むしろ、利益を出すことは「最低限の責務」だ。

社会的な付加価値を生み出し、利益をあげ、納税できて初めて、最低限の責務を果たしたことになる。

利益をあげられない企業は一人前とはいえない。利益をあげられなければ「継続性」もないだろう。

継続しなければ、いくら立派な「理想」を掲げていても、それは果たせない。

赤字まみれで倒産するような会社をたくさん見てきたからこそ、心底そう思う。

夢を実現するためには、専門知識や情熱、折れない心が必要だ。でも、それらが揃っていてもたいていの人は資金難で頓挫してしまう。

お金なんかで頓挫してしまうのはもったいないし、悲しいことではないだろうか。

だから僕は、自分にできる資金提供をしている。

僕は子どもの頃から宇宙開発を夢見ていたわけではない。ロケットが当たり前に飛んでいる未来が来ると思っていたのに、２０００年代になっても実現していなかったから関心を持っただけだ。

ロケット開発が進んでいない現状に対して「何かできることはないだろうか」と考え、いろいろと調べた結果、現実的な選択肢を見つけた。日本でロケットを作っているチームを支援することにしたのだ。

インターステラテクノロジズに投資しているのは、他に誰もやる人がいなかったから。だから僕がやっているだけのことだ。

宇宙開発では、有人宇宙飛行の経費を現在の１／１００以下に抑え、多くの人々を輸送するシステムを作りたいと考えている。

ロケットは今、需要に供給がまったく追いついていない。

人工衛星を作る技術が革新してどんどん小型化し、スマホで使われているような高機能で低価格なセンサーが大量に使われるようになっているのに、その人工衛星を打ちあげるためのロケットが足りていないのだ。

ブロードバンドインターネットや地球のリアルタイムなイメージングなど、人工衛星でいろいろなことを実現しようとしているが、ロケットが不足しているのだ。

つまり、ロケットが実用化できれば「巨大な市場」に参入できる。

しかも、マネタイズの方法は他にもいろいろとある。

たとえば、ロケットの「機体広告」、発射場の「ネーミングライツ」、「発射ボタンを押す権利」、ホンダジェットに乗りながら「ロケットを見るツアー」などを販売しているし、したいと考えている。他ではない体験を提供するのだ。

実現すれば、自ずと「儲け」もついてくるはずだ。

「4原則」を守っても起業で失敗するなら原因はひとつ

先行きがわからない「VUCA（ブーカ）」の時代に、就職しか考えないのはおかしい。

サラリーマンとして生涯を終えるのが当たり前の時代ではなくなっている。

そもそも、会社に就職しなければならないという考え方は、せいぜい「100年」くらいの歴史しかない。

もっとも安全なのは、「自分で事業を興す」ことだ。

潮目や天候が変わりやすいこの時代の海でタイタニック号に乗っていたら、かなりの確率で氷山にぶつかってしまう。

でも、自分自身で漕いでいるなら、数人しか乗れないボートであっても氷山にはぶつかりにくい。「自分で制御できる」からだ。

もしかしたら快適な客室ではないかもしれないが、常に周りに目を配っていれば、沈没することはないだろう。

実は「起業は簡単」だ。その証拠に、世の中には社長がたくさんいる。近所の商店の店主だって社長だからだ。

大成功するには運も必要だが、サラリーマン程度や、それより少し贅沢できる程度の生活なら、そう難しくはないだろう。

大事なのは、自分で事業を興すことだ。

以前から僕は、ビジネスで失敗しない原則を提唱している。

「利益率が高い」

「在庫を持たない」

「定期的に一定の収入が入る」

「少資本で始められる」

という4原則だ。これを満たしていれば、ほとんど失敗はしない。

コンサルティング業や代理業など、いろいろと考えられるはずだ。

ただし、条件をすべて満たしてもうまくいかない人がいるらしい。思い当たる理由はひとつだけ。「寝る時間以外のすべてを仕事に注いでいない」のだろう。

僕は起業して3年くらい、友だちと飲みに行くことはほとんどなかった。異業種交流会や講演会の類にも行ったことがない。「時間がもったいない」からだ。

当時は食事に時間を掛けるのももったいないと思っていたので、会社の1階にあったコンビニで弁当や惣菜を買ってきて食べていた。

土日に休むこともなかったし、お盆や正月もない。

髪を切る時間ももったいないので、ほとんど切りに行っていなかった。

最終的には家に帰る時間すらもったいなくなって、会社のベッドで寝るようになった。会社の仮眠室にシャワーをつけていた時期もある。

それくらいやったらほとんど確実に成功するのではないだろうか？

僕がそれくらい没頭できたのは、他の何よりも仕事に集中している時間が好きだったし、新しい技術を開発するのがおもしろかったからだ。

こういう生活を「苦しい」と思う人は起業に向いていないのかもしれない。

ちなみに、講演会などには行かなかったが興味を持った人はいた。そういうときは、その人のメルマガや書籍で情報を得ていた。

自分のペースでインプットしたほうが時間を節約できるからだ。

適性を見極めながら、就職以外の「起業」などを選択肢に入れてみよう。

やり方を変えながら、しつこく続ける

僕は「死ぬほどがんばって無理やり成功させる」ということを繰り返してきた。

『ＷＡＧＹＵＭＡＦＩＡ』は今でこそ順調だが、最初はまったく売れなかった。

前述の通り中目黒にある『ワギュウマフィア・ザ・カツレツ・サンドイッチ』は売れるまで3〜4ヶ月掛かっている。

とにかくしつこく試したからこそ、うまく回り始めたのだ。

「ＴＥＲＩＹＡＫＩ」というアプリも最初は大赤字だった。死ぬ気でがんばって黒字化させたという感じだ。今の売上は1億円程度。10億、１００億とはいかないかもしれないが、しっかりしたいい会社に成長した。

どんな事業であっても、「人脈」をフル活用して助けを求めれば、協力してくれる人は出てくるはずだ。飲食店ならなおさら。どうせ誰もが食事をするわけだから、知り合いに「来てください！」と頭を下げれば、一定数は来てくれるだろう。

それくらいのことなら誰でもできるのに、やらない人が多すぎる。

うまくいっていない人ほどやらない。友人や知人はもちろん、家族にも声を掛ければいいし、自分でも食べればいい。でも、なぜかやらない人が多いのだ。

飲食店を始めても、３ヶ月くらいはお客さんが来なくて当たり前だ。だったら、自分が会食で使えばいい。別にマイナスにはならないし、僕は実際にそうしている。

2万円のカツサンドは差し入れとして利用していた。高級なのでけっこう喜ばれたし、しばらくは差し入れに何を買うか悩むこともなくてむしろ便利だった。

インスタグラムの「投稿」や「リポスト」もどんどんやればいいのに、やらない人がけっこういる。僕は今でもカツサンドの投稿をリポストしている。大して手間ではないし、30秒で終わる作業なのに、そういったことをやらないのは不思議だ。

実は優秀な経営者ほど、そういう細かいこともしつこいほどやっている。『ＷＡＧＹＵＭＡＦＩＡ』の香港でのパートナー、ジェロもしつこいし、細かい。コーヒーショップやバーなどを高級業態だけで展開している経営者で、数字にすごく細かい。インスタグラムなども真面目にやっている。

細かい作業をしつこくできるのは、おそらく自分の中に染みついているからだろう。だから苦に感じることもなく、自動的にできるのだと思う。何度もいうけど、うまくいく人は本当にしつこくて、しつこさのレベルが違う。

ちなみに僕もかなりしつこい。うまくいくまで本当にしつこく続けている。

「成功するまでしつこく続ける」というと、最初のやり方に固執して繰り返していると思うかもしれないが、けっしてそうではない。

成功するまでやり方を試しながら、その事業を続けるという意味だ。

お店のマイナーチェンジはもちろんのこと、コンセプトを変えたり、リニューアルしたりするのもいいと思う。自信があるなら、成功するまでしつこくやってみてほしい。

「最低限のオペレーション」という戦略

ノリで始めたのに成功している飲食店はある。ただし、それは偶然でしかない。間違いなく伸びるプレーヤーは「仮説と検証」「実行スピード」「PDCAサイクル」といったことをしっかり考えている。

新橋に『烏森百薬』という居酒屋があるが、ここはすごく考えている。

大きな特徴は、オペレーションをできる限り「簡素化」していること。やってもらえることはほとんど外注化しているのだ。

メニューのほとんどは、全国のおいしい料理からのお取り寄せだ。

熊本の『太閤 分家 禅閤』というお店の唐揚げは、ひとつずつ鶏皮でくるんでいるので、表面がカリッと揚がって中はフワフワだ。

北海道にある『音更ぎょうざの宝永』の「味噌だれ餃子」もおいしかった。餡にはニンニクがたっぷり使われていて、ジューシーに仕上がっている。

お酒は酒屋さんが選んでいる。最終的にお店でジャッジはするが、送ってもらったお酒を並べているのだ。酒屋さんは本来キュレーターなので、理に適っている。入手元が明かせない鹿児島の麦焼酎を使っていたり、なかなか楽しめるラインナップのドリンクが揃っている。

原価率は35％くらいだそうだ。やや高めだが、仕込みや片づけが簡単で人件費などが削れるので、トータルで考えるとけっして高くはない数字だ。

ついでに『烏森百薬』をもう少し紹介すると、そのコンセプトは「何屋でもない」。気軽に入れる店を目指し、毎日食べても飽きない定番的なメニューを選んでいるそうだ。

『WAGYUMAFIA』でも餃子やカレーが人気なので、結局、行き着くところはそういう定番メニューだと思う。

また『烏森百薬』では、オペレーションを簡素化するための基準として5つのポイントでメニューを決めているらしい。「調理がない」「仕込みがない」「包丁を使わない」「廃棄がない」「気負いがない」の5つだ。参考になるだろう。

『烏森百薬』で思い出したのが、秋元康さんから聞いた話だ。

大阪で何が出てきてもおいしい居酒屋を見つけたそうだ。お任せで毎回いろいろな料理が出てくる。ジャンルも和洋中いろいろ。どれもレベルが高くておいしいのに、値段はそれほど高くない。

何度か通っているうちにどうしても秘密が知りたくなって厨房をのぞいたら、まるで「鶴の恩返し」。見てはいけないものを見てしまったのだ。厨房にあったのは電子レンジだけ。カラクリは簡単で、デパ地下の「お惣菜」を毎回チンしていただけだったのだ。

閉店間際に売れ残って割引されたお惣菜を買っていたので、毎回メニューが異なるし、安く提供できていたというわけだ。

『烏森百薬』やこの大阪の居酒屋のように、オペレーションを最低限に削ることできちんと接客ができれば、ワンオペでお店を回すこともできる。

売上のメインは結局お酒になるので、料理は外注でいいし、コンビニの冷凍食品でもいいと思う。原価率に気をつければ問題はないはずだ。

変なこだわりは捨てて、どうやって「利益」が出せるかをきちんと考えよう。戦略を立てて実証していけば、再現性の高いビジネスになる。

「もっとも効率的な勉強法」を考える

効率的で楽な勉強法について聞かれることが多いのだが、そんなものはない。勉強は自分さえ努力すれば何とかなるのだから、やるしかないだろう。

ただし、「効率的な戦略」はある。大切なのは、目的から逆算して考えることだ。わかりやすい例だと思うので、学生時代の東大受験の話をしよう。さまざまな試験やテストに生かせるのではないだろうか。

エスカレーター式で高校にあがった僕は、２００人中１９９番という成績を取ったことがあるほど、落ちこぼれていた。

それでも東大を受けたいと思ったのは、退屈な田舎を抜け出したかったからだ。主要な大学のキャンパスは都心から近郊へと移転をしていた時期で、都心のキャンパスがある大学はあまりなかった。

さらに、経済的な事情もあって国立しか選択肢がなかった。そうなると、東京大学か東京医科歯科大学くらい。それで、東大に行こうと決めたわけだ。

学力はまったく足りてない。しかも、受験までは１５０日しかないので、正攻法では時間もぜんぜん足りなかった。そこでまず赤本（大学入試過去問題集）を買って、戦略を立てるための「分析」を始めた。

当時の東大受験は前期と後期の2回チャンスがあった。科目が異なるので、倍率が低い後期を本命に定めることにした。後期の二次試験は英語と小論文。小論文はもともと得意だったので、英語を何とかすれば受かると考えた。

ちなみに、前期の二次試験も英語の配点がいちばん高い。つまり、東大受験は英語がキーポイントになると分析した。

英語に焦点を絞るだけでなく、勉強法も絞り込んだ。ずばり英単語だ。

単語さえ読めれば文脈は想像できるので、文法はいったん忘れることにして、英単語に「集中」することにした。

英単語は丸暗記するしかないが、生半可な暗記ではなく、用例や派生語も含めたページごと覚えることにした。

200ページくらいの単語帳だったので、1日見開き2ページを暗記していった。

100日で終わる予定だったが、実際は70日くらいで達成した。最終的には1冊まるごとそらんじられるようになっていた。

計画を立てて気合を入れれば、これくらい誰でもできるのではないだろうか。

1日のタイムスケジュールも説明すると、24時間のうち10時間は睡眠、食事、お風呂など。残りの14時間はずっと暗記に当てていた。

14時間で2ページ。派生語を入れても50行くらいだったので、それくらいは誰でもできるはずだ。

ポイントは勉強だと思わないこと。単なる暗記。「仕組み化」「習慣化」を意識しつつ、「自動的に暗記する」だけだ。

暗記をするためには「睡眠」も重要なポイントだ。高校３年の夏休みから大学受験の勉強を始めるとしても、１５０日以上あるので睡眠を削る必要はまったくない。

切迫しているわけでもないのに睡眠時間を削るのは、むしろＮＧだ。

長期記憶は夢を見ている「レム睡眠のときに定着」するので、しっかり眠らないと入試のときに役に立たないからだ。

受験のイメージとして、徹夜と深夜ラジオがあるかもしれないが、そもそも勉強していたらラジオを聞く余裕はないはず。夜はぐっすり眠るだけだ。

「ＡｂｅｍａＴＶ」の東大受験企画を見た人ならわかるかもしれないが、戦略や計画がしっかりしていても、勉強の密度が圧倒的に足りなければ、受かるものも受からない。

独学に限界を感じたら、マンツーマンでアドバイスしてくれる人にも頼ってみよう。

プログラミングは普通の人なら習得できる

「プログラミング」は英語よりも簡単だ。「超絶簡単」といってもいい。

一般的な認識では「難しい」と思われているが、実は「簡単」なので、かなりギャップがある。レアな状況で、そこに「チャンス」があると思う。

僕がエンジニアの頃は、ライブラリ（汎用性の高い複数のプログラムを再利用できる形でまとめたもの）から作らなければならなかったので、かなり大変だった。

今はすべてのマニュアルが揃っていて、ライブラリも検索し放題だ。

ゼロから作るのではなく、いろいろな技術を「組み合わせる」だけで、何でも簡単に作ることができる。すごく恵まれた環境ということだ。

プログラミングを学んでエンジニアになっても仕事があるのかどうか心配している人も多いようだが、現状は「エンジニアが不足」している。

今はコンビニに人がいるが、そこに「Ａｍａｚｏｎ Ｇｏ」などが導入されれば、どんどん自動化が進んでいく。そうなれば、ハンドリングするエンジニアの需要が高まっていくのは当然だ。

新型コロナの影響で自動化などが進み、「本来そうあるべきだった社会」の実現が早まった。その結果、エンジニアのニーズは高まる一方だ。

少なくても5年はこの状況が続くのではないだろうか。

コロナ禍でもオンラインのビジネスは拡大しているし、この状況で積極的に採用している会社は強いと思うので、今なら企業を見極めるのも簡単だ。

２０２０年に学習指導要領が改定されてプログラミング教育を必修化したが、正直ちょっとズレている気がする。まともにプログラミングをしたことがない下手な教師に教わる必要があるのだろうか。

民間のプログラミングスクールのほうがクオリティははるかに高い。

プログラミングの勉強は継続するのが難しいのだが、たとえば『テックキャンプ』では、その辺のケアもかなり考えられている。

生徒同士で学習の進捗を共有し合ったり、モチベーション維持の専任スタッフに相談したりすることで、継続しやすくなっているのだ。

『ライザップ』のように結果にコミットしていて、短期集中で学ぶことができ、「エンジニア転職保証」や「全額返金保証」まで整っている。僕が若かったら『テックキャンプ』を利用していたかもしれない。

他にもいろいろなプログラミングスクールや講座があるので、自分に合いそうなところを選べばよい。

もしも費用が払えないなら、「YouTube」などを利用して始めるのがおすすめだ。教えるのがうまいプロ講師による指導動画がけっこうあがっている。

さらに、フランス発のエンジニアの養成機関『42 Tokyo』も、入学試験に通れば無料で学ぶことができる。

興味があるなら、プログラミングを学ばない理由はないだろう。

第4章
「働き方改革」ではなく「生き方改革」

「テレワーク」で働き方改革が一気に加速する

僕はずっと、「オフィスにいる社員の大半はいらない」といってきた。

それが新型コロナウイルスによっていよいよ明確になってきている。

わかりやすい例が「GMO」だ。GMOインターネットグループのグループ代表である熊谷正寿さんがいち早く在宅勤務を表明した。

約5000人の社員がいるグループなので、かなり大規模な「テレワーク推進」だ。

興味深いのは、出社を停止して数週間経っても業績が下がらなかったというデータだ。僕としては想定内ではあるが、改めて実証されてしまった。

正直、最初から全社員を出勤停止するというのは少しやりすぎな印象もあったが、熊谷さんは「テレワークでも業績は下がらない」という仮説を検証したかったのかもしれない。コロナ禍だからこそできることだ。

IT企業を中心に、追随する会社もすぐに増えた。

ツイッター社は全世界の従業員に在宅勤務を認め、ヤフージャパンもテレワーク体制を拡大しながら、2020年からほぼ全社員がテレワークを基本とする働き方に移行した。

しかし、こうした動きだけでは終わらないと考えている。社員の勤務形態がどんどん効率化されていくのだ。

いろいろなことがオンライン化されると、勤務時間や成果なども可視化されやすくなる。その結果、出社してパソコンに向かうことで「仕事しているフリ」をしてきた社員はどんどんあぶり出されるだろう。

そもそも本当にパソコンが必要な職種は、技術系、クリエイティブ系、デザイナー系などの一部に限られている。

営業担当などはスマホで十分だろう。僕自身もプログラムをしないようになってからは、スマホしか使っていない。

オフィスもパソコンもなくなれば、ますます「仕事のフリ」ができなくなる。

僕は年に2~3回くらいオールドエコノミーな非IT系企業の会議に出席することがあるが、こちらがせいぜいひとりかふたりなのに、相手の出席者は10~15人くらい。しかも半分以上が居眠りしている状況だったりする。その人たちは必要なのだろうか？

パソコンに向かって仕事のフリをしている人、無駄な会議に出ているだけの人、休憩スペースや喫煙ルームで雑談ばかりしている人、他にもいろいろな手段でサボっている人はいるだろう。

さらに、そういう人たちを管理する担当者、そういう人のバックオフィス関連の担当者もいる。働いていない人や不要な社員が実はたくさんいるのだ。

少し話は逸れるが、髪を切ってもらっている美容師に聞いた話がおもしろかった。コロナ禍で怒っている「主婦」のお客さんが多いそうだ。

何に怒っているかというと、テレワークで旦那さんが「ずっと家にいる」からだ。しかも、観察してみると大して仕事をしていない。1時間も仕事していない場合もあるとか。

今までは、「通勤して喫煙所で雑談して、大して仕事はせず、飲んできていただけなんじゃないか」と憤っているそうだ。

家で仕事すれば「家庭内」からも働いていない人が明確にわかってしまうのだ。

僕は「ライブドア」の社長をしているときから、いらない社員が多いのをずっと気にしてきた。苦労しながら改善してきたからこそ、断言できる。

オフィスにいる「ホワイトカラーの人たちの9割は必要ない」。

ちなみに「ホワイトカラー」とは、「頭脳労働者や事務職の人」のことだ。そういう人たちの仕事の多くは、これからＡＩなどで代替していく。

大きなコールセンターがあっても、その仕事の多くはチャットボットで自動化できる。すでに導入しているところは、半分以上のやり取りがチャットボットだ。

人間しかできないことは意外と少ないので、積み重ねればかなりの作業が「無人化」していくだろう。

ただ、「いらない社員」が多いとしても、すぐに改革して人々の働き方を変えるのは難しい。時間が掛かるという結論に達した。

だから僕は、会社を作って大きくするのはもうやめたのだ。会社を持つことにはリスクもあるからだ。

時間が掛かるとは考えていたが、何らかの事件やイベントがきっかけで「いらない社員」が一気に社会に放り出されることはあるかもしれないとも考えていた。

まさかの「新型コロナ騒動」がそれに当てはまってしまった。

予言していたからこそ、放り出された人たちへ「暇つぶし」を提供するオンラインサロン「ＨＩＵ」を作っていた。

もちろん、遊びだけではなく「新しい仕事」も含めたアクティビティをどんどん開発している。

「働き方改革」が進むと、「いらない社員」はどんどんあぶり出され、初期段階としては「2~3年で半分」のホワイトカラーがリストラされると予想している。

働き方改革はここから一気に進んでいくので、そのために早く準備をするべきだ。

簡単にできることのひとつは「電話で話すのをやめる」こと。電話での通話はかなりの時間が奪われてしまうので「非効率」だからだ。

僕自身、電話を使わないようになってから、作業効率がかなりアップしている。

「仕事のフリ」や「無駄な仕事」はすぐにやめて、きちんと成果をあげよう。

ウェブ会議より非同期コミュニケーションのほうが効率的

「電話は非効率」という話をしたが、電話や対面によるやり取りはリアルタイムで対応する必要がある「同期コミュニケーション」だ。

反対に、リアルタイムで対応する必要がない情報伝達手段は「非同期コミュニケーション」と呼ばれている。

テレワークが進んで「Ｚｏｏｍ」での会議が普及したが、実は「Ｚｏｏｍ」も同期コミュニケーションなので、周回遅れだと思っている。僕らは好んで使っていないのだ。

リテラシーが高い者同士だと、「Ｓｌａｃｋ」や「ＬＩＮＥ」グループなどの非同期なテキストコミュニケーションのほうが速い。

『週刊プレイボーイ』で「2ちゃんねる」の元管理人であるひろゆきくんと連載をしているが、もう7年くらい「ＬＩＮＥ」グループで対談している。彼はパリに住んでいて僕は主に日本にいるが、問題なくやり取りできている。

距離的な問題はもちろんだが、時差があってもコミュニケーションを取りやすいのが「非同期コミュニケーション」のメリットだ。お互いが慣れていれば何の問題もなくコミュニケーションできる。

「Ｚｏｏｍ」が普及したからといってコミュニケーションの方式が最適化されたとまではいえないが、コロナ禍で対応せざるをえなくなったので、状況はかなり変わってきた。音声で会話できるＳＮＳ「Ｃｌｕｂｈｏｕｓｅ」も利用者が急激に増えているので、変化を促進するかもしれない。

いずれにしても、企業レベルでも個人レベルでも、いち早く対応してコミュニケーション手段をアップデートする必要があるだろう。

「ＬＩＮＥ」はすでに使っている人が多いと思うが、「Ｓｌａｃｋ」はまだ使ったことがない人も多いと思うので、ここで簡単に解説しておこう。

「Ｓｌａｃｋ」はチャット型のチームコミュニケーションツールで、２０１３年にアメリカでリリースされて瞬く間にシェアを拡大した。

「Ｆａｃｅｂｏｏｋ」や「Ｔｗｉｔｔｅｒ」を分析してデザインに落とし込んでいるため、非常に使いやすいのが大きな特徴だ。

実は日本でも、ＩＴ企業の多くは社内で「Ｓｌａｃｋ」を使っている。

「ＬＩＮＥ」や「Ｃｈａｔｗｏｒｋ」と似ている部分もあるが、「Ｓｌａｃｋ」はエンジニア向けの仕様になっているのが最大のポイントだ。

コードが共有できたり、コメントを追加できたりする機能が他のコミュニケーションツールとは異なっている。

また、用途に合わせたチャンネルを立ちあげることができるのも特徴的だ。チャンネル内は出入りが自由だが、特定のメンバーだけでやり取りをしたい場合は非公開に設定することもできる。

外部サービスとも連携ができ、「Ｄｒｏｐｂｏｘ」や「Ｇｏｏｇｌｅ ドライブ」とつなげて作業を完結させることもできる。また、別のブラウザを立ちあげずに動画リンクを視聴できるのも意外と便利だ。

ブラウザからもアプリからも入ることができ、デバイスを選ばないのもポイント。素早い反応が求められるビジネス用として重宝されている。

「Ｓｌａｃｋ」に限らず、非同期コミュニケーションができるツールを会社やチームに導入することで、テレワークへもスムーズに移行しやすくなる。

まだ使ったことがないなら、すぐにでも試してみてほしい。

コミュ力が高い人が稼げる時代

これからは、ほとんどの業務を「ＡＩ」や「ロボット」が担うようになる。

そうでなくても、ファストフードなどはすぐに「無人化」が可能だ。

まず、お客さんがメニューを選んでＱＲコードをスマホで読み取れば、オーダーも決済も同時に完了。その内容がダイレクトに厨房に伝わり、できあがったフードをカウンターに出しておけば、お客さんが取りに来てくれる。

厨房で料理をする人がいるとしても、それ以外に人はいらなくなる。ほとんどのファストフードでそれが可能だ。

すでに中国の深圳《しんせん》ではそういうお店がたくさんある。日本でもそういう変化が起こるのが自然だ。

冷凍技術が進んでいるので、料理を冷凍食品にすれば、料理する人も不要になる。

では、人間はいらなくなるのか。

そうは思っていない。「コミュニケーションの場」には人間が必要だ。

反対に、ヒューマノイド型ロボットはいらないと思っている。「ドラえもん」や「鉄腕アトム」のようなロボットは必要ないのだ。

人間が余るのだから、コミュニケーションの部分は人間がやればいい。

ワイワイとにぎわう「格安居酒屋」なら、「DJ」が曲を掛けながら盛りあげるのがいいと思う。「そこのテーブルのお客さん、お酒は足りてますか～」といった感じで声を掛けたら活気が出るのではないだろうか。

「寿司屋」は「寿司ミュージカル」にしたい。仕込みなどは裏でやって、カウンターにいるのは「プロの役者」。歌やダンス、会話を楽しみながら寿司を握るのだ。「お好み焼き」はわりと簡単に調理できる上に、目の前で作るので、「イケメン」を起用して成功しているお店がすでにある。

僕がかかわっている『WAGYUMAFIA』はすでにショーアップしているが、だからこそ支持されていると思う。

つまり、これからはコミュニケーション能力の高い人が求められるようになる。『ライザップ』がいい例だ。実は「ライザップ」のトレーナーは「コミュニケーション能力」を最優先に採用されている。そういう人に、あとからトレーニングのやり方を教えているのだ。

筋トレのやり方は「スキル」なので、ドリルをやれば誰でもできるようになる。でも、コミュニケーションスキルにドリルはない。「生まれ持ったもの」で左右されるからだ。

だからこそ、『ライザップ』はすごく人当たりがいいトレーナーばかりだ。みんなはあまり気づいていないが、それこそが本当の魅力だ。

筋トレは「三日坊主ビジネス」と呼べるほど、継続させることが大切だ。そして、継続させるためにはコミュニケーションが重要なのだ。

プログラミングを教える『テックキャンプ』はそこに気づいている。

だからこそトレーナーの役割を分割して、「プログラミングを教えるスタッフ」と「モチベーションを管理するスタッフ」にわけている。

プログラミング自体は簡単だが、「学ぶことの継続」が難しいからだ。

やはり『テックキャンプ』でも、プログラミングの技術が高い人ではなく、「教える技術」や「コミュニケーション能力」が高い人を採用しているそうだ。

「コミュニケーション能力が高い人の価値」は今後どんどんあがっていくだろう。

寝ないと1日が「終わる」

突っ走っていたライブドア時代も睡眠時間は確保するようにしていた。

そのときから「6時間以上」は寝るようにしている。8〜9時間くらい寝られると、さらに気持ちよく目覚めることができる。

睡眠時間が6時間を切ると、1日中だるいままだ。自覚できるほどパフォーマンスが低下し、1日がまるごと無駄になってしまう。

寝ないと1日が終わるのだ。

「いつ寝ているんですか？」と聞かれることが多い。

僕が「時間」を大事にしているので、「寝る間を惜しんで動いている」と思い込んでいる人が多いようだ。でも、起きている時間を大切にしたいからこそ、きちんと寝ているのだ。

せいぜい2〜3時間の差なのだから、十分に寝たほうが合理的なはずだ。

「忙しくて寝る時間が確保できない」という人がいるが、僕は他のことを削って睡眠時間を捻出してきた。

起業した当時は自分でプログラミングの作業もしていて非常に忙しかったので、最初に「移動時間」を削った。会社にベッドを置いてシャワーも設置し、帰宅せずに生活できるようにしたのだ。

さらに、「食事の時間」も削った。外食せず仕事をしながら食べるようになった。

友人と「遊ぶ時間」や、恋人と「デートする時間」も削っていった。

その結果、睡眠時間が8時間でも、16時間近く仕事に使えるようになった。

1日16時間も働けば十分ではないだろうか。

今でも集中して作業を続けて、パタッと倒れるように寝てしまうことはある。でも、そういうときでも寝る時間だけは確保するようにしている。

早起きする「朝型の生活」がベストだと思い込んでいる人も多いが、それは子どもの頃に強制的にラジオ体操に通わされたときからの刷り込みではないだろうか。日本人はとくに「規則正しい生活」がよいことだと思い込んでいる気がする。

僕は会社勤めではないので、時間の設定は自由だ。朝はゆっくり寝ていたいので、できる限りお昼過ぎから予定を入れている。

起きる時刻よりも、寝ている時間の長さを大事にしているのだ。

メディアアーティストの落合陽一くんは睡眠時間が3時間くらいだそうだ。個人的な活動の他に大学での仕事もあるので忙しいとは思うが、もっとちゃんと寝たほうがいいと思う。

何かのタイミングで大きく体調を崩さないかと心配してしまう。睡眠不足はかなり体に悪いだろう。少なくともかなりの負担を掛けていると思う。

身体的な健康だけでなく、メンタル面にもよくない影響があるはずだ。

個人的な経験則でいうと、睡眠時間を削っている人は早死にする傾向がある。

若いときは大丈夫かもしれないが、体に負荷を掛け続けているので、年を取ってから一気にそのツケを払うことになりかねないのだ。

世の中にはショートスリーパーがいるが、どうやら僕はそうではないらしい。

以前、「Sleep Cycle」というアプリを使って、睡眠の質を調べたことがある。寝返りなどを検出してグラフで表現してくれるのだ。

僕は浅い眠りと深い眠りを繰り返す一般的なパターンだった。

友人はショートスリーパーで、深い眠りが続いていた。

「浅い眠り」と「深い眠り」は記憶に関してそれぞれ違った役割があるといわれているが、ショートスリーパーのメカニズムはどうなっているのだろうか。

解き明かすことができたら、何かに応用できるかもしれない。

「夢中」になれる「スタートアップ」なら成長できる

学生の「大企業志向」は何十年も前から変わっていない。

これだけ簡単に「起業」も「プログラミング」もできる時代なのに、大きなコンサルティング会社に入りたい優秀な大学生が多いのは疑問だ。

「周りの目」を気にして大企業に入る人も少なくないだろう。

とくに親世代は古い考えのままなので、今も昔も「親ブロック」は多いと思う。

1996年に「オン・ザ・エッヂ」を起業したばかりの頃は、東大の学生課にアルバイト募集の張り紙を貼って学生スタッフを募集していた。

合計したら何十人もバイトを採用していたのだが、そのうちのひとりがインターネットに魅力を感じ、東大を中退して就職したいといってくれた。

こちらとしても大歓迎で、社員が増えて売上が1億円は増えると盛りあがっていたのだが、次の日にその学生の親がオフィスに怒鳴り込んできた。

「こんな××みたいな会社に就職させるために東大に入学させたんじゃない！」と、ものすごい剣幕だった。それで採用は諦めたのだが、まさに「親ブロック」だ。

そのまま入社していたら株を5％くらいは持つことになり、何十億円もキャッシュインして違う人生になっていたに違いない。

ロケット事業の会社「インターステラテクノロジズ」がまだボランティア集団のような状態だった頃、早稲田大学の学生が手伝いに来てくれていた。

ロケットを作ったり「鳥人間コンテスト」に参加したりするサークルにも所属して

いて優秀だったので、「一緒にロケットの会社を作ろう」と誘ったが、断られた。

結局、その学生は財閥系の大企業に入社したのだが、その理由が「ロケットを作るのも好きなんですけど、合コンもしたいんです」という感じだった。

合コンは否定しないが、それよりも「熱中」できることはなかったのだろうか。好きで好きで仕方なくて、「夢中」になってゾーンに入れるようなことがあると「周りの目」はまったく気にならなくなるものだ。それを仕事にできたら最高だろう。

いくつも会社を作ってきて気づいたこともある。

会社が小さい頃は人を採用するのが大変で、優秀な人材はなかなか集まらない。でも、初期の段階で採用して一緒に会社を大きくした社員が転職していくと、「そこまで優秀ではなかったはず」の彼らが、他の会社で「活躍」しているのだ。

スタートアップでは何でもやるしかないので、嫌でも成長できる。

でも、大企業に入って歯車の一部になったら、大して成長できるはずがない。

もちろん、就職しないで自分で起業したり、ＹｏｕＴｕｂｅなどで稼ぐのもおすすめだ。

僕が作った通信制高校のサポート校「ゼロ高等学院」の入学式でも話したのだが、

学生のうちは親からベーシックインカムをもらっているようなものだ。生活が保障されているのだから、いろいろなことに挑戦できる。

そんなノーリスクの状態は二度と来ない。しかも、成功すればハイリターンだ。挑戦したいことがあったら、すぐにでもやらないと損だ。

自分でやるにしても、スタートアップに就職するにしても、何かを「1」から作るのはすごいことだ。すべてを目の前で見ることができ、すべてが学べるのだ。

たとえば「インターステラテクノロジズ」なら、ロケットを1から作ることができる。そんなレアな経験を積んだら、その後はどんな産業にも行けるだろう。

スタートアップに就職すると「会社が潰れる」という心配があるかもしれないが、それすらも「成長」できる「経験」だ。「夢中」になれることに挑戦しよう。

スタッフに高度なことは求めない

スタッフに「売上アップへの貢献」を望む店主もいるが、「高度すぎるだろ！」とツッコミを入れたくなる。「経営者目線」を求めるのも酷だ。

僕の経験からすれば、フォーマットを変えずに日報を提出し続けてもらうだけでも至難の業だ。

たとえば『ＷＡＧＹＵＭＡＦＩＡ』のカツサンド屋『ワギュウマフィア・ザ・カツレツ・サンドイッチ』では、日報のフォーマットを細かく決めていた。

「今日はＵＡＥから４人のお客さんが来ました」と国名まで細かく書くことになっていたのに、突然それがなくなってしまう。

複数のスタッフが持ち回りで書いているから、必ず手を抜く者が出てくる。一度でもそうなると、次からはもう戻ることはないのだ。

経営上の判断に必要だからきちんと報告してほしいのに、その意味がわかってないからやらなくなるわけだ。

月次のＰＬ（損益計算書）に必要な情報が入っていなかったり、肉の棚卸がおろそかになりそうなときもあった。

僕はそういう細かいことがいちいち気になるので何度も指摘するが、いったんは戻ったとしてもなかなか直らない。

それを繰り返しても時間がもったいないので、できる限り「自動化」しなければ……という発想になる。

手間が掛からないように、あまり考える必要もなく、必要最低限の報告をあげてもらうためにどうすべきかと考えるようになった。

また、ひとりの料理人に頼るのも期待しすぎだ。それはリスクになりえると思ったほうがよい。『WAGYUMAFIA』でも、誰かひとりに依存しないようにしている。

けっして難しいことではない。ベストプラクティス、効率的なオペレーション、評判がよかったコール、SNSの活用事例などみんなで共有しているのだ。

SNSのグループ内でシェアして、日々アップデートするようにしている。

従業員が期待通りに働いてくれない、動いてくれないと嘆いても仕方ない。その場合はその「期待」のほうが間違っているのではないだろうか。

スタッフに高度なことは求めすぎず、自分のやり方を見直したほうが建設的だ。

「健康と人間関係は国がくれない」

当たり前のことだが、何かを「成し遂げる」ためには「健康」が不可欠だ。

「死んだらすべて終わり」だからだ。

優先順位としては、「お金」よりも「健康」のほうが重要だと考えている。

「健康」と「人間関係」さえあれば、お金はいらないだろう。

経済評論家の勝間和代さんが「健康と人間関係は国がくれない」は名言だといっていたが、僕もそう思う。

最悪の場合、「お金」は国が生活保護として支給してくれるのだ。もらうことのできない「健康」と「人間関係」のほうが大切なのではないだろうか。

「健康」のためには「適度な運動」を続けることが必要だ。それなのに、僕の同世代は運動をしていない人が多い。

その一方で、安くない金額を「保険」に支払っているのは意味がわからない。その金額をそのまま「健康になるため」に使ったほうがよほど合理的だろう。

健康を害する大きな要因のひとつは「ストレス」だと思っている。

だから僕は、なるべく快適に生活したい。できる限り面倒なことを避けているのも、自分にストレスが掛からないように気をつけているからだ。

たまに口臭のキツい人がいるが、それはたいてい「歯周病」だ。エチケットのことがいいたいわけではなく、実は大きなリスクもある。

歯周病の人は「認知症」になりやすいという研究結果があるのだ。さらに、生活習慣病やガンのリスクも高まるといわれている。

治せるものはきちんと治療した上で、予防策も考えたほうがいい。

健康状態は、「思考」にも影響があると思っている。

ある女性芸能人が小学生の頃にイジメられていたそうだ。

その当時は分厚いメガネを掛けていたので、よく「メガネ、メガネ～」とバカにされていたのだ。おそらくバカにしていたほうにあまり悪気はなかったのだろうが、本人にとってはずっとトラウマになってしまっていた。

でも、メガネをコンタクトに変えたら実は美人で、芸能人にまでなった。そうしたら昔の同級生が手の平を返して、チヤホヤし出したのだ。

彼女はその「手の平返し」によって「人間不信」になってしまった。

僕も似たような経験がある。

起業した頃は、周囲から見ると単なるパソコンオタクだ。バカにされていたのだ。

でも5年くらいして会社を上場したら、急にチヤホヤされるようになった。

僕はその「手の平返し」が「超うれしかった」。「いい手の平返しだな」くらいに思っていた。

つまり、同じような出来事でも、人によってまったく「受け取り方が違う」のだ。「ネガティブ思考」と「ポジティブ思考」の違いが要因だと思うが、それはどうやら「健康」や「体力」にも原因がありそうだ。

体が強くて「健康」だと「ポジティブ」になり、体が弱くて「不健康」だと「ネガティブ」になっていく傾向があるのだ。

体調を崩すと「何かを信じやすくなる」ので、そこも注意してほしい。

調子が悪くなると、改善しようとして、グルテンフリー、カフェインレス、ジュースクレンジング、パワーストーンの数珠などを試す人が多いが、実は何をやっても調子は戻るものだ。

なぜなら、体にはバイオリズムがあるので、死なない限りは改善するしかないからだ。だから、体調が悪くなって何かを始めると絶対によくなる。

体調が回復したのは事実なので「頼ったもの」を何でも信じてしまうのだ。

体が弱い人はバイオリズムの波が大きかったり、体調を崩すことが多いので、その度に何かを信じやすくなるということだ。

僕は幸い体が強いので、好不調の波がほとんどない。そのためか、宗教や非科学的なことはまったく信じていない。

僕は「予防医療普及協会」の理事をやっていて、産業医の大室正志先生たちと話をする機会もある。

診察に来た人の体が弱くてネガティブな傾向の場合は、よりいっそう注意深く対応して不安を与えないように気をつけているそうだ。

点滴の時間が5分でも遅れたりしたら、変に勘ぐって不安を膨らませ、その不安をたくさんの質問でぶつけてくるのだ。

僕はスーパーポジティブなので、そういうことはまったくしない。

「健康」でポジティブだからこそ、そのときやるべきことに集中できるのだと思う。

「情報の整理」はしない

僕は「情報の整理」という考え方が不思議でならない。

たびたび「どうやって情報を整理しているんですか?」と聞かれるが、情報はとくに整理していない。

どうしてみんなそんなに整理したがるのだろうか。

整理したい人が本当に多いので、「ＳＨＯＷＲＯＯＭ」の代表である前田裕二くんの著書『メモの魔力』は売れるだろうと思った。

情報を整理して、わかりやすくきちんとまとめたいのかもしれないが、そもそもみんな何に関しても「丁寧」すぎる。

オンラインサロンのＨＩＵで日本酒を造っていて、使うお米から育てているのだが、みんなで田植えをしたら丁寧すぎて時間が掛かってしまった。

田んぼの管理を農家の人にお願いしているのだが、田植えの際に苗床から稲を取って植えるやり方として「５〜７本取って等間隔に植えてください」と説明してくれた。

そうするとみんなは、４本や８本もダメだし、１センチでもズレたらいけないと思ってしまうのだ。

僕はざっくり10本くらい取って少しくらいズレても構わず植えていったので早かった。

生物はそんなに弱くない。細かいことをそこまで気にする必要はないのだ。

おそらく多くの人たちは、「失敗」したときに「自分が悪い」と思われたくないから、いわれた通り丁寧にやるのだろう。

それは減点方式の教育による弊害かもしれない。

情報を整理したい人も「完璧」を求めすぎだと思う。

インプットもアウトプットも100点を目指そうとしているのかもしれないが、僕はかなり「いい加減」だ。

合格点なら悪くないと思っているというか、赤点を取らなければ大丈夫くらいの感覚なので、50点くらいでも問題ないと考えている。

こうした考え方の違いは、何にでも共通しているようだ。

僕は料理のやり方や寿司の握り方なども「合格点」ならいいと考えている。

「100点じゃないと認めない」と思い込んでいる人とは話が合わなくて当然だ。

Twitterのつぶやきも、誰からも反論できないように「完璧」を求めて長文になる人がいるが、僕はできるだけ短いほうがいいと思っている。

「伝えること」が目的なので、一言でわかってもらえるならそれがベストだ。

僕が何か特別な情報源から情報を得ていると思っている人も少なくないようだが、特別な情報源もツールもアプリもない。ほとんどスマホからのインプットだ。

僕の情報源は主に「SNS」と「ニュースアプリ」なので、いたって普通だ。

SNSは「Twitter」と「Facebook」。ニュースアプリは「LINE NEWS」「グノシー」「NewsPicks」をよく使っている。

iPhoneには「スクリーンタイム」という機能があって、アプリやウェブサービスごとの利用時間がわかるようになっている。

とある日にチェックしたら、使った時間が長い順に「LINE」「Facebook」「Kindle」「Safari」「Instagram」だった。

誰もが使っているアプリばかりだとわかってもらえただろうか。

飛行機に乗るときなど、ネットにつなぐのが難しい環境では、「Kindle」を使うことが多い。

1日当たりのスマホの利用時間は6時間程度。隙間時間も使ってこまめにチェックしている。

「情報の整理」に話を戻すと、そもそもみんなは整理しなければならないほどの量をインプットしているのだろうか。

僕はとにかく「大量」に「インプット」している。

そして、インプットした情報は「脳」が勝手に整理してくれる。

有益な情報は記憶に残るが、いらない情報はまったく覚えない。本当に有益な情報はあまりないので、たくさん覚える必要はないはずだ。

使えると思った情報なら「アウトプット」も「大量」にしたほうがいい。ネタになると思ったらいろいろなところでどんどん話せばいいし、SNSやブログで発信してもいいだろう。

整理するよりも、とりあえず書いてしまったほうが記憶にも残りやすいはずだ。情報を記憶して活用するコツがあるとすれば、「タグづけ」や「ポインター」をイメージすることだ。

「膨大な記憶」として情報が散らばっているが、必要なときは頭の中を「検索」するのだ。

おそらく僕はポインターのつけ方が人よりうまい。だから記憶力がいいように思われているのだろう。

もっと大量の情報をインプットするようにしたら、僕のいっていることがわかってもらえるのではないかと思う。

情報を大量にさばき続ければ「脳内ポインター」のつけ方は自ずと身につく。

ＹｏｕＴｕｂｅですぐに検索できる人は伸びる

今は何でも「動画」で学べる。

魚のさばき方、料理のおいしい作り方、服の着こなし方、メイクのやり方などもＹｏｕＴｕｂｅですぐに学ぶことができる。指導者などとリアルな場で修業する必要はなくなったのだ。

そういうと、動画のクオリティを疑問視する反論が聞こえてきそうだが、最近はプロサッカー選手の本田圭佑さんもオンラインスクールの「ＮｏｗＤｏ」を立ちあげている。

世界レベルの指導者から指導が受けられるとしたら、むしろ一般的な指導者よりもクオリティは高いはずだ。

身近な指導者からのモチベーション管理やメンタルケアも重要だが、動画で学べることはかなり増えている。かなり恵まれた時代といえるだろう。

調べれば知ることができるからこそ、「検索できる」人はすぐに伸びる。「検索」という行動さえできれば、若者は急速に成長することができるのだ。

好例として、神戸に『すし　うえだ』という人気の寿司屋がある。そこの店主はまだ20代半ばだ。

淡路島の寿司屋で修業していたが、ほとんど皿洗いしかやらせてもらえず、寿司を握らせてもらうことはなかったそうだ。

そこで、動画で寿司の握り方などを勉強して自分で開店してしまった。「食べログ」でも高評価だ。

無料の動画が充実しているので、プロとアマチュアの境目はなくなったも同然だ。そんな「素人革命」はどんどん加速していくだろう。素人でも独学で技術を身につけることができ、すぐにでも稼げる時代になったのだ。

「遊び」や「好きなもの」をビジネスに変えることもできる。

稼ぐためのポイントは「実行力」だ。学ぶための動画や情報はすぐに手に入るので、身につけてすぐにアウトプットできるかどうかが重要になる。

学びたいことがあるなら、早速YouTubeで「検索」してみよう。

「時間の節約」と「リセールバリューがあるもの」にお金を使う

僕は「移動費」をケチることはない。

起業した直後は経費を節約するために電車移動が中心だった。「タクシー」で移動をするようになったのは、ある年長者のアドバイスがきっかけだ。

「移動はタクシーを利用しなさい。時給換算してタクシーに乗れないような稼ぎだったら、その仕事に価値はない。タクシー代をケチるような仕事はするな」といわれたのだ。

まったくその通りだと思う。当時の僕は、移動費を節約する代わりに、「時間」という最大の資源を無駄遣いしていた。

電車に乗らずにタクシーに乗ることで、車内で仕事をこなすことができる。スマホで作業したり取材を受けたりしているのだ。

電車でもスマホやパソコンは使えるが、それ以外にも電車を避けたい理由はある。

仕事をする気が萎えてしまうのだ。

いろんな人が疲れ果てた顔で乗り合わせているので、仕事をこなす気持ちをキープするのが難しい。そもそも満員電車なら、スマホを見ることもできない。

時間を節約するための移動手段として、「ホンダジェット」（小型ジェット機）も購入した。費用は１億円。といっても、６人で１億円ずつ出して手に入れて、スケジュール調整するためのシステムを使ってシェアしている。

1億円と聞くと高いと思うかもしれないが、完全に「元は取れる」。時間が節約できるからだ。

たとえば、購入してすぐに北海道と青森を周遊した。まずは函館でゴルフをして、その夕方に札幌へ移動してご飯を食べた。函館空港から札幌丘珠空港まで車では4時間くらい掛かるが、飛行機なら20分。だからこそ可能なスケジュールだ。

次の日は利尻でムラサキウニとバフンウニの食べ比べをしてから、稚内でゴルフ。さらに、青森に行ってマグロを釣った。釣果は20キロのマグロ。東京に持って帰って寿司のイベントで使ってもらった。

定期便の飛行機とは違って、ルールに縛られず柔軟に運用できるのが大きなメリットだ。普段は仙台空港に置いてあるが、成田空港なら15分くらいで到着する。まさにタクシー感覚で使えるので本当に便利だ。

飛行機の耐用年数は長くて、一般的なジェット機で30年程度。「ホンダジェット」もそれくらいは持つはずだ。

1億円で30年なら1年当たりおよそ３００万円。それでプライベートジェットに乗れると考えれば、そこまで高くはないだろう。

他にも燃料費や諸経費は掛かるが、思っているほど高くない。

しかも、品質のよい機体はあまり値崩れしない。高級外車と同じようなものだ。フェラーリの値段があまり下がらないのと一緒で、「ホンダジェット」も20年後に売ればそれなりの金額が返ってくるのだ。

実はお金を持っている航空会社も、新品のジェット機を買って25年くらい使ったら、お金のないエアラインに売っている。

僕は基本的にモノを所有しないようにしているが、何か買う場合はそうした「リセールバリュー」を意識するようにしている。

リセールバリューとは「再び売却するときの価値」のことだ。

けっして「すべての移動をタクシーで」「飛行機や高級外車を買いましょう」などとすすめているわけではない。みなさんには、自分のライフスタイルに合わせて、時間とモノを無駄にしないようにお金を使うことを、もっと意識してほしいと思う。

「金融リテラシー」をすぐに学び直そう

実は江戸時代までは、日本人の「金融リテラシー」の高さは世界でも有数だった。だからこそ、複雑な計算が必要な年貢システムにも対応できたし、いち早く貨幣経済にも移行できた。

江戸時代には和算学者や和算家と呼ばれる人がいた。村を回って各地の寺子屋で「幾何学」と「数列」を中心に教えていたのだ。

でも、明治時代の後半から「工業化」が進んだことで、農民たちはいわゆる「サラリーマン」になっていった。

お金を借りる農民や商人が減ると「複利計算」はだんだんいらなくなる。それに合わせて教育の内容も変化し、工業や化学などを重視した教え方に変わっていったのだ。

教育内容が変わったことで、みんなそれしか学ばなくなっていった。

現在に目を向けると、日本人は先進国のなかでも「金融リテラシー」が低い。「投資」と「投機」、「直接金融」と「間接金融」の違いを理解している人も少ないのではないだろうか。

それも当然といえば当然だ。義務教育で「お金の本質」についてまったく教えていないのだから。

学校や大人が子どもに植えつけてきたのは「嫌金思想」や「清貧思想」だ。「お金儲けのために働くのはよくない」「コツコツ貯金することが大切」といった歪んだ考えである。

もちろん「拝金主義」になれというつもりはないが、偏向した教育で育てられた日本人が高い金融リテラシーを身につけるのは難しいだろう。

でも、できることはある。今から「学んだり」「学ばせたり」すればいいのだ。

だいぶ前のことだが、ある日、高級住宅街でエレベーターに乗ったら、外国人の子どもが3人乗ってきて英語で話しかけてきた。インターナショナルスクールで催される「花見祭り」のチケットを売っていたのだ。

興味はなかったが、あまりにも熱心に営業してくるので、250円のチケットをそれぞれの子から1枚ずつ、計3枚買ってしまった。

お小遣い稼ぎなのかどうかはわからないが、似たようなエピソードを友人から聞いたこともある。

外国人は日本にいても、子どもに「稼ぐこと」を実体験で学ばせているのだ。雇われることを前提にした日本の教育とは大違いといえるだろう。

僕は投資先のことを知るために、今でも知らない分野は徹底的に調べて「学ぶ」。しかも「ゼロ高等学院」も立ちあげているので、「学ぶ」ことに関する質問を受けることも多い。そのなかでも多いのが「数学を勉強する意味はあるんですか?」といった質問だ。もちろん、大いに意味がある。

金融や科学技術は「数学」をベースに発展してきたので、その基本を知っていると「世の中の見え方」が変わり、解像度があがる。

曇りガラス越しに見ていた景色が、一気に開けてクリアになるイメージだ。

いろいろなことを学ぶほど、あるタイミングで知識がつながって、「物事の本質」がわかるようになってくる。

苦手な分野ほど知識が欠落しているので、疎かった人ほど「金融」や「数学」を学び直してみてほしい。

第5章　批判に負けないで

恨みではなく「是々非々」で批判しているだけ

Ｔｗｉｔｔｅｒで何かを批判すると、「そんなに○○を恨んでいるんですか？」などといったコメントが来るが、それは違う。「是々非々」で「批判」しているだけだ。

「是々非々」とは、「相手との関係性や立場に関係なく、公平な立場でよいものはよいと賛成し、悪いものは悪いと反対すること」を意味している。

つまり、個別の問題を切り出して、社会全体にとってよくないと思って「批判」しているだけだ。相手の人格とは無関係なのだ。

たまに「批判」と「誹謗中傷」の区別ができていない人もいる。

「批判」が「評価、判定すること」を意味するのに対して、「誹謗」は「悪口のこと」であり、「中傷」は「根拠もないことで人の名誉を傷つけること」だ。

本質がまったく異なるので、混同しないようにしてほしい。

話を戻すと、僕は常に「是々非々」で「批判」をしている。

だから、どんなに仲がよい相手でも、批判すべきことがあったら批判する。

みなさんが僕と仲がよいと思っている人のこともたくさん批判してきているので、検索してもらえばすぐにわかることだ。

世の中的に、僕と仲が悪いと思われている相手を批判することもある。でもそれは、恨んでいるのが理由ではない。

たとえば「楽天の三木谷さんのことを恨んでいるんですか？」といったコメントがきたりするが、まったく恨んでなどいない。

個人的に三木谷浩史さんの人格を否定したいとは思わないし、にこやかに話せる存在だ。２０１９年にも楽天の社長フロアに行って、ビジネスの話をしている。

新型コロナウイルスに関して「過剰な防護策を講じすぎだ」「社会的なプロパガンダをするな」と三木谷さんを猛批判したことはあるが、それこそ「是々非々」だ。

ちなみに「楽天パンダ」は大好きだし、「楽天カードマン」のマーケティングもよくできていると思っている。

「東北楽天ゴールデンイーグルス」もよい球団だ。２０１３年の日本シリーズは２試合も観戦して感動した。たった9年間で日本一まで上り詰めたのだから、本当にすばらしい。

２００４年に球団を買収して仙台に移転しようとした想いが実現されている点も称賛している。プロ野球の球団によって「地方を活性化する」のが目的だったので、それを成し遂げるのが僕でなくても構わない。誰かが実現することが重要だ。

もちろん、政権批判も「是々非々」だ。

「経済産業省とロケットエンジン開発の委託契約をしているから、現政権と蜜月の関係に違いない！」などといわれることがあるが、まったくの誤解だ。

むしろ、煙たがられるほど批判してきた。わかりやすい例でいえば、「緊急事態宣言は愚策だ」と批判している。

ただし、現政権、与党の政策がすべて間違っているとは思っていない。そして、すべて正しいとも思っていない。やはり「是々非々」なのだ。

「是々非々」で考えられない人が多いのは、日本の教育にも原因があると思う。日本人は「ディベート」を授業で学んだことがない人が多いからだ。

ディベートとは、「あるテーマに対して異なる立場にわかれて議論すること」。自分の感情や想いは分離して、「主張」や「主義」を議論し合うことだ。

僕は「ニコニコ超会議」などでディベートのイベントをやったりもしているが、日本人はそういった訓練をしてきていないので、感情や思いを分離するのが苦手なのだろう。文化としても浸透していない。

ただし、「感情」による好き嫌いと「意見」による対立はわけて考えるべきだ。

僕は相手が友人でも容赦なく批判するが、自分の意見を主張したからこそ生まれた人間関係もある。なあなあの関係ではないからこそ、反対に僕が批判されることもあるが、それこそが本当の人間関係ではないだろうか。

「科学的に正しいこと」を多くの人に理解してほしい

Ｔｗｉｔｔｅｒをやっていると、小学生に戻った感覚になる。

話が噛み合わない人ばかりなのだ。

僕は公立の小学校に行っていたので、いろいろな同級生がいたのだが、その多くは知識が乏しい子だった。

当時はずっとイライラしていて、その理由がわからなかったが、今ならわかる。

「科学的に正しい」ことをいっているのに話がまったく通じなかったからだ。

Ｔｗｉｔｔｅｒでいうなら「クソリプ」（見当外れだったり気分を害したりするリプライ［返信］のこと）ばかりだった。

「クソリプ」にイライラするから、「クソリプ返し」をしてストレスを発散する。その状況は今とまったく変わらないだろう。

小学校の教室で「クソリプ」をしてくるのは「ノイジー・マイノリティ」で、「声だけが大きい少数派」だ。50人の教室のなかに2〜3人しかいない。

それ以外は「サイレント・マジョリティ」で、「静観している多数派」だ。かかわると炎上すると思って距離を置いているのだ。

僕はイライラしていたので、そんな多数派にもとにかく絡んでいた。

でも、学校の教室は閉鎖的な空間だ。少数派だけでなく多数派にも絡んでいたので、絡めば絡むほど居場所はなくなっていった。

受験をして私立中学に進むと、同級生はみんな偏差値が同じくらいになった。頭の悪い生徒がいなくなったのだ。

個性的な人がいなくておもしろくはなかったが、イライラすることはなくなった。

高校や大学もその延長という感じだったので、イライラする状況をすっかり忘れていたのだが、Ｔｗｉｔｔｅｒをやって小学生の頃の感情を思い出した。

だからＴｗｉｔｔｅｒは小学校のクラスルームだと思っている。

もちろん、異なる点も少なくない。

Ｔｗｉｔｔｅｒは「開放的な場所」だ。参加者は日本だけでも４５００万人くらいいる。孤立することはまずないだろう。

ツイートに文字制限があるのも独自の特徴だ。

１４０文字以内にまとめるために敬語を省略すると、「敬語を使えない人間」と誤解されることもある。

そして、それが新たな「クソリプ」も生んでいる。

そういった誤解をされてまで「クソリプ返し」を続けているのは、何もストレス発散のためだけではない。

「科学的に正しいこと」を多くの人に理解してほしいのだ。

時間を掛けて丁寧に説明して理解してもらえるなら、そんなに楽なことはない。

「科学的な根拠」を積み重ねた説明を繰り返しても、「否定的な偏見」が強い人には受け入れてはもらえない。

だからこそ、理解してもらう方法を模索していきたい。

Ｔｗｉｔｔｅｒは情報を「ダイレクト」に伝えられるのがメリットだと思う。

勝手にバイアスを掛けるメディアのような中間的存在がいないのだ。

自分のテクニックを磨いて、「科学的に正しいこと」をもっと拡散していきたい。

本当に必要な英語力

「日産自動車」の元会長、カルロス・ゴーンさんに会うことができた。

2020年3月6日に対談が実現して、YouTubeの「ホリエモンチャンネル」にアップしたのだ。

最初は『WAGYUMAFIA』のイベントを一緒にできないかと考えていた。そこで、レバノンの首都、ベイルートにいる飲食関係の知人を通じてコンタクトをとっていたのだ。結果的にそれがインタビューにつながった。

対談した動画の反響は大きく、再生回数は1日も掛からず100万を超えた。

僕は流暢に英語を話せるほうではないが、対談は通訳を入れないことにした。会話は通じればいいのだ。

「英語が下手すぎる」といった批判がもっとたくさん来るかと思っていたのだが、予想よりも少なかった。

ゴーンさんとコミュニケーションを取れていることがわかったからだろう。

もちろん、僕の英語力に批判的な意見もなかったわけではないが、会話はある程度「通じれば問題ない」と思っている。ビジネスもずっとそれでやってきたのだ。

途中で「state（明言する、証言する）」という英単語が出てこなかったりもしたが、実際に問題はなかったと思う。

「海外でのインタビュー」がＹｏｕＴｕｂｅのコンテンツとして話題になることも実証できたので、コロナ騒動が収まったら、シリーズ化したいと思っている。

英語で話す場数が増えれば、もともとボキャブラリーは多いので、もっとスムーズに会話ができるようになるだろう。

アーティストの村上隆さんは、「インスタライブ」を英語でやり始めたそうだ。ご本人いわく、英会話はそんなに上手ではないとのことだが、それでもぜんぜん通じるらしい。リスナーがハードルを下げて聞いてくれているのだ。

むしろ「アドバンテージ」も感じているらしい。

ヒスパニック系をはじめ、英語圏以外の「ネイティブではない人たち」にはわかりやすい英語だからだ。

とにかく「世界中」の人がリアクションしてくれるので、英語で話すことにしてよかったといっていた。

結局は「英会話の技術」よりも、伝えようとする「行動力」や「人としての魅力」のほうが重要ということだと思う。

大学入学共通テストの「英語」で導入が予定されていた民間試験が延期になって話題になったが、そもそも導入する意味があったのだろうか。

導入を進めていた理由は、英語での「話す力」を測りたかったということらしい。

それを聞いた「マイクロソフト」の元社長、成毛眞さんが「日本人の9割は英語は喋らなくていい」といっていた。その真意もわかる。

たまにしか使わないのだから、必要なときは「Ｇｏｏｇｌｅ翻訳」などで十分だ。英会話の教育を促す必要もない。動画のほうが効果的に学べるからだ。

ＹｏｕＴｕｂｅなら無料だし、生の英語に触れるのも簡単だ。

それでも本気で日本人全体の「英会話力」を高めたいなら、日本語に加えて英語も「公用語」にしてしまうのが最適解だろう。

いきなり全国での実施は難しいだろうから、首都圏だけでやってみればいい。

公用語にすれば、ビジネスをやるにも日本語と英語の「2ヶ国語表記」が義務づけられ、「移民」を受け入れやすくなって「労働力」が確保できるかもしれない。

外国人が働きやすくなれば、海外からの「企業誘致」にもつながるはずだ。

日本人が英語を話せるようになると、英語圏の文化に触れられるようになる。

「日本文化」は、海外の文化を取り込んで熟成させ、よりよいものにした結果だから、日本独特のポップカルチャーをさらにアップデートできるかもしれない。

日本人の大半はすでに中学や高校で基本的な英語は習得している。英語を第２公用語にしても、日常会話なら何とかなるはずだ。

公用語である英語に触れる機会が増えれば、日本人の可能性はもっと広がる。

現実的には日本の公用語を増やすのは難しいかもしれない。だったら、とりあえず場数を増やして、自分だけでもふたつ目の公用語を増やしてみてほしい。

シェフは世界で勝負するべき

シェフになると、簡単にセレブとつながることができる。

あまり知られていないが、海外に出ると日本よりもシェフの「地位が高い」のだ。

ＩＴだけをやっていたら難しかっただろうが、食の世界に入ったおかげで大統領や女王陛下にも「もうワンステップでつながれそう」なところまで来ている。

食の世界に足を踏み入れた理由は、そういうつながりも大きな目的だ。すでに、他のビジネスにもいい影響が生まれている。

きっかけは知人の松嶋啓介氏だった。

たまたまニースにある彼のレストランに行ったところ、かなりの有名人になっていた。フランスで外国人としては最年少で「ミシュラン」の1つ星を獲得したからだ。カダフィー大佐に招かれてリビアまで料理を作りに行ったとか、モナコ国王のためにディナーを作ったとか、国際映画祭で各国から集まったタレントに料理を提供したとか、そんな話がいろいろと出てきた。

だったら、自分も「ケイスケマツシマ」になれば、人脈が広がると考えたわけだ。

そんなときにちょうど、『ＷＡＧＹＵＭＡＦＩＡ』の共同代表となる浜田寿人に再会。「和牛をやらないか?」と誘われ、その話に乗って今に至っている。

もちろん、タイミングやノリだけで引き受けたわけではない。

和牛のことを知れば知るほど、日本人にしかできないことだとわかったのだ。

日本人がかなり有利なのに加えて、「ＷＡＧＹＵ」はすでに世界中で最高級のブランドとしても知られているから、独自のポジションが取れると考えた。

個人としては「シェフ」である必要があるので、世界中にシェフとしてポップアップを展開してきた。その結果、海外では僕はシェフだと思われている。

デモンストレーションをするために肉をトリミングする技術だけはちゃんと練習して、かなり上達した。

「すしざんまい」の社長がマグロをさばくように、和牛の肉をさばくとかなり盛りあがるものだ。

でも日本では、あえてそういう見せ方はしていない。

「ホリエモンが作った料理なんて……」と思われて、ブランディングとしては逆効果になるとわかっているからだ。

でも、海外に出れば関係ないので、上等な包丁を持って上質なエプロンをつけて「シェフ」になっている。

これはある意味、こういう「ビジネスモデル」なのだ。

やりたいことができる「最短の近道」を考え、実践したまでだ。

世界に影響を与えられる手段が「シェフ」で、日本と世界のギャップも利用した。

結果として、たった2〜3年で実際に国王に会うことができた。

だから、日本の優秀なシェフはもっと世界に出るべきだ。

今なら「ネットフリックス」の番組に出れば一気に「グローバルな有名人」になることも可能だ。

もしも『シェフのテーブル』や『ファイナル・テーブル』『シェフズ・ライン』などに出演できる可能性があるなら、企画を持ち込んででも実現すべきだ。

実は『WAGYUMAFIA』も出演する予定になっている。

日本の料理のレベルなら、世界一になれる日本人も少なくない。出演するだけでグローバルな有名人になることができ、世界がもっと広がる。

「目標設定」はしない

ゴルフの話をすると、「目標スコアはどれくらいですか？」と聞かれる。

でも僕は、目標を設定したことがない。

目標を設定すると、小さいゴルフになってしまうし、ゴルフを楽しめなくなる。

たとえば目標を「90」と設定したとしよう。

それはボギーを確実に取りにいく「つまらないゴルフ」になる。「パー4」のミドルホールなら、3オンして2パットでもボギーだ。そうなると、グリーン回りでは転がして小刻みに寄せる安全策が多くなるのだ。

目標を設定することで、少しずつ上手になることはあるかもしれないが、思い切ったプレーはできなくなる。

ゴルフの楽しみは確実に減るはずだ。

僕はとくに、時間を掛けず、練習にも行かずに上達したいと考えている。刻んでいく地味なゴルフをしたって、何も楽しくないのだ。

日本人は子どもの頃から、1歩ずつ「コツコツと努力する」ことが正しいと教えられている。

それが染みついていて、趣味や遊びであるはずのゴルフでも、既定路線のように小さくまとまってしまうのかもしれない。

だとしたら、仕事やビジネスでは「さらなる安全策」を取ろうと考えても当然だ。

自分で自分の限界を勝手に決めて、現実的な目標を掲げて「小さく」まとまってしまう。そんなことでは、大きな仕事に「チャレンジ」できるわけがない。

「どうせ自分はこの程度……」。そうやって自分のキャパシティを自ら決めてしまい、リミッターをかけてしまったり、型にハメてしまったりする「悪い作用」が目標設定にはあるのだ。

だから僕は「目標を設定しない」。

スケジュールの目標を聞かれたら「なるはや＝なるべく早く」。スコアの目標を聞かれたら「できるだけいいスコアで」。それが僕の一貫した答えだ。

自分の限界を作らないために目標は決めない。そういう人が増えてほしい。

そうしたら、あなたの人生や世界はもっと変わっていくのではないだろうか。

おわりに　生きていくために、誰かとつながっていてほしい

2020年、将来有望な若い女子プロレスラーがネットでの「誹謗中傷」に堪えかねて自ら命を絶ってしまった。活躍されていた有名な俳優さん、女優さんも理由はわからないが、死を選んでしまった。

僕は普段からかなりの数の「誹謗中傷」を浴びている。

そこで最近、Ｔｗｉｔｔｅｒで誹謗中傷をしてきたアカウントを50個ほどブロックしてみた。そうしたら、誹謗中傷がほとんどなくなったのだ。

僕のフォロワーは350万人以上だ。そのうちの50人となると0・00001％程度だ。

誹謗中傷していたのは、「たったそれだけの割合」でしかない。

バカらしくも思えるが、繊細な人はちょっとした誹謗中傷でも心を痛めてしまう。慣れているはずの僕ですら本当に嫌だ。

誹謗中傷は絶対にやめたほうがいい。心を傷つけるだけでなく、人の命を奪ってしまうこともあるからだ。

命を奪うなら「殺人」と変わらないではないか。

「ＹＡＨＯＯ！ニュース」がＡＩを用いて誹謗中傷コメントなどの自動削除を強化すると発表した。

１日に平均２万件程度のコメントを削除しているというニュースも出ていたが、本当だろうか？

「ＹＡＨＯＯ！ニュース」は世界でいちばん悪口が書かれているページだと思う。

自分がトピックにあがったときは、絶対にコメントは見ない。Ｔｗｉｔｔｅｒが問題にならないほど、どうしようもないことしか書かれていないからだ。

見てもメリットはないので、見ないほうがいいだろう。

「ＮｅｗｓＰｉｃｋｓ」は「実名制」で、コメントを書く際に抑制が効くようになっている。「アメーバブログ」はコメントが「承認制」だからこそ、多くの芸能人や有名人が使うようになった。

「YAHOO!ニュース」のコメントを読んでしまって心を病んだ人がたくさんいると思う。そんな状況なのに、「そこまでして稼ぎたいのか」といいたい。

匿名で誹謗中傷を書いてしまうという行為は「卑劣」だ。

単なるストレス発散でやっているのかもしれないが、その結果に責任が持てるのだろうか。悪質な場合は「自分が特定される」可能性もあるのだ。

ある女性の話だが、SNSに特定のアカウントから何度も誹謗中傷のコメントが書かれていたので、プロバイダーに「情報開示請求」をしたそうだ。

特定された身元を見たら、すごく仲のよい女性の友人だった。

次の週に会う約束もしていたので、そのときまで待って理由を問い詰めたところ、「ここに悪口が書けるから、あなたと仲よくできていたの」といわれてしまった。

こうしたエピソードは、けっして珍しい話ではない。身近にいるからこそ感じている「劣等感」や「嫉妬」を吐き出しているのだ。

でも、このなかの登場人物で得する人はいるのだろうか。

万が一、思い当たる節があったら、今すぐ誹謗中傷はやめてほしい。

僕は、新型コロナ騒動をきっかけにして、人に「寛容」になってほしいと願っている。

コロナ禍では、芸能人や著名人がルールを守り外食しただけでも叩かれるようになった。

僕の騒動を知っている人なら想像できると思うが、少しでも何かトラブルがあると、多くの人から好奇の目で見られる。それでメンタルをやられる人もいるだろう。

新型コロナウイルスは怖いかもしれないが、人間こそ怖い。

行きすぎた状況になってしまったからこそ、是正できるチャンスでもあるはずだ。

知り合いから聞いた話だが、とある作家さんが「自殺サバイバー」の研究をしたことがあるらしい。

「自殺サバイバー」とは「自殺を図ったが助かった人」のことだ。

話を聞いたところ、10人が10人とも「助かってよかった」といったらしい。

誰がどう見ても症状がわかるような「重い鬱」になると、病院に行くことになって「薬」を処方されるので「安定」したり改善したりする。

でも、「軽い鬱状態」は自分ですらわからない。そのときがもっとも自殺しやすいので気をつけてほしい。

たとえば何人かで会って楽しく過ごしたあとにひとりで家に帰り、ふと「死にたい」と思ってしまうのだ。

「自殺したい」という衝動に駆られても、その瞬間を何とか乗り切ろう。そのあとには必ず「自殺しなくてよかった」と思えるときが来る。

「軽い鬱状態」は本当に危険なので、「周囲」が気づいてあげる必要がある。

トラブルに見舞われている人、落ち込んでもおかしくないことが起きた人には、注意深く接してあげてほしい。

とりあえず「電話を掛ける」、会って「言葉を掛ける」、「LINE」やSNSのメッセージで「呼び掛ける」といったことをしてあげるだけでも、結果は変わるかもしれないのだ。

僕が拘置所にいたときにも「誰にも会えない状況」に落ち込んだことがあった。そのときに「精神安定剤」を処方してもらったのだが、すぐに心が安定した。

「薬に頼りたくない」という気持ちもわかるが、自殺するより薬を選んでほしい。

症状が軽ければ依存症になることもない。頼れるものがあるのなら、早めに頼ったほうがいいのだ。

もしも自分が「軽い鬱」かもしれないと思ったら、すぐに心療内科に行ってほしい。精神科医やカウンセラーに相談してみよう。

「周りのサポート」が必要なのは「アルコール依存症」も一緒だ。

酒癖が悪くて内向的な人は「鬱」になるのだが、「外交的」な場合は、人やモノに「危害を加える」ことが多くなる。

もしも「アルコール依存症」の自覚があるという人は、とりあえず自動車やバイクの運転免許証は返上するのがおすすめだ。

僕の後輩が「アルコール依存症」から脱出できたきっかけは「結婚」だった。

献身的にサポートをしてくれる人がいればいいが、ひとりで改善するのは難しい。

脱出できたとしても、誰かに裏切られたり何かに失敗したりといったきっかけで再発してしまうケースが多いそうだ。

しかも再発した場合は、前の状態よりも悪化してしまうケースが多いらしい。

肝機能が低い人や体が弱い人は「アルコール依存症」にもなりやすいそうだ。

もしも何かしら思い当たったら、早めに専門家に相談してみてほしい。

今は無縁だと思っていても、誰もが当事者になる可能性はある。

そのときは周りからのサポートがポイントになるので、普段からコミュニティに属して多様な人間関係を築いておくといいだろう。

前半でネットの悪い面ばかりを挙げてしまったが、オンラインで気軽に誰かとつながることができるのは「ネットのよい面」だ。

共通の「趣味」「思考」「悩み」を持つ仲間がいるコミュニティを見つけるのがいいと思う。手前味噌にはなるが、オンラインサロンの「ＨＩＵ（堀江貴文イノベーション大学校）」にも、いろいろな人が集まっている。

誰かとつながれる場所を探して、一緒に生き抜こう。

カバー写真　ワタナベアニ
カバーデザイン　フロッグキングスタジオ
プロデュース　中谷大祐（株式会社アディス）
企画協力　大里善行（株式会社アディス）
校正　東京出版サービスセンター
DTP　アレックス
編集協力　平 格彦

堀江貴文《ほりえ・たかふみ》

1972年、福岡県生まれ。実業家。SNS media&consulting株式会社ファウンダー。インターステラテクノロジズ株式会社ファウンダー。元・株式会社ライブドア代表取締役CEO。現在、有料メールマガジン「堀江貴文のブログでは言えない話」の配信、会員制コミュニケーションサロン「堀江貴文イノベーション大学校(HIU)」の運営、和牛ブランディング「WAGYUMAFIA」の活動、「ゼロ高等学院」の主宰、2019年5月に民間では日本初の宇宙空間到達に成功したインターステラテクノロジズ社の宇宙ロケット開発など、多分野で活躍中。新たな事業として、2020年4月には、新地方活性型ベーカリーブランドとしてプロデュースするエンタメパン屋「小麦の奴隷」が北海道大樹町にオープン。2020年に開催されたカレーパングランプリで金賞を受賞した人気商品「ザックザクカレーパン」が話題となる。2021年2月に新店舗が滋賀県大津市にオープン。今後は沖縄県北谷市・茨城県笠間市・北九州市小嶺・香川県高松市・岐阜県各務原市・埼玉県越谷市・大阪市北区などに開業予定(2021年3月現在)。主な著書に、『ゼロ』(ダイヤモンド社)、『本音で生きる』(SB新書)、『多動力』(幻冬舎)、『好きなことだけで生きていく。』『自分のことだけ考える。』『情報だけ武器にしろ。』『理不尽に逆らえ。』(以上、ポプラ新書)、『時間革命』(朝日新聞出版)、共著に『10年後の仕事図鑑』(SBクリエイティブ)、『バカとつき合うな』(徳間書店)などベストセラー多数。

ポプラ新書
205
死なないように稼ぐ。
生き残るビジネスと人材

2021年3月22日 第1刷発行

著者
堀江貴文
発行者
千葉 均
編集
村上峻亮
発行所
株式会社 ポプラ社
〒102-8519 東京都千代田区麹町4-2-6
一般書事業局ホームページ www.webasta.jp
ブックデザイン
鈴木成一デザイン室
印刷・製本
図書印刷株式会社

N.D.C. 159/202P/18cm ISBN978-4-591-16974-2

P8201205

ポプラ新書　好評既刊

理不尽に逆らえ。

堀江貴文

都合のいい奴になるな！　賢く怒り、自分を守れ。ホリエモン流「人生を誰にも邪魔させない」超実践的アンガーマネジメント。真の自由を手に入れるために必要な「怒り」との付き合い方。イライラを無駄に溜めずに、人生をラクにする、これからの生き方論。

情報だけ武器にしろ。

堀江貴文

「今、必要なのは資金でも人脈でも学歴でもなく、情報だ。なぜなら、情報を所持すれば、未来を見抜けるから」。ホリエモン流、情報との付き合い方。「必要なことは誰も教えてくれない。自ら情報を浴びて狩りにいくしかない」と熱く語る著者による、新時代のインプット&アウトプット術。

ポプラ新書　好評既刊

自分のことだけ考える。

堀江貴文

勇気を与える、ホリエモン初のメンタル本！　他人の目が気になる、人前に出ると緊張が止まらない、悪口を引きずってしまう、モチベーションを持続できない……。こうした心の悩みを抱え、自分のやりたいことにブレーキをかけてしまっている人は多い。我慢せずに無駄なものを遠ざけ、心をフラットに生きる方法。15万部突破！

ポプラ新書　好評既刊

好きなことだけで生きていく。

堀江貴文

「断言しよう。人は好きなことだけして生きていける。それは、例外なく、あなたも――」。12万部突破！　他人、時間、組織、お金、欲望などにふりまわされず、自分の「好き」を生きがいにするため、どう考え、どう行動すればいいのかをホリエモンが明快に説く！　最初の一歩を踏みだすことができない不器用な人たちに勇気を与える最強の人生指南書。

生きるとは共に未来を語ること　共に希望を語ること

昭和二十二年、ポプラ社は、戦後の荒廃した東京の焼け跡を目のあたりにし、次の世代の日本を創るべき子どもたちが、ポプラ（白楊）の樹のように、まっすぐにすくすくと成長することを願って、児童図書専門出版社として創業いたしました。

創業以来、すでに六十六年の歳月が経ち、何人たりとも予測できない不透明な世界が出現してしまいました。

この未曾有の混迷と閉塞感におおいつくされた日本の現状を鑑みるにつけ、私どもは出版人としていかなる国家像、いかなる日本人像、そしてグローバル化しボーダレス化した世界的状況の裡で、いかなる人類像を創造しなければならないかという、大命題に応えるべく、強靭な志をもち、共に未来を語り共に希望を語りあえる状況を創ることこそ、私どもに課せられた最大の使命だと考えます。

ポプラ社は創業の原点にもどり、人々がすこやかにすくすくと、生きる喜びを感じられる世界を実現させることに希いと祈りをこめて、ここにポプラ新書を創刊するものです。

未来への挑戦！

平成二十五年　九月吉日　　株式会社ポプラ社